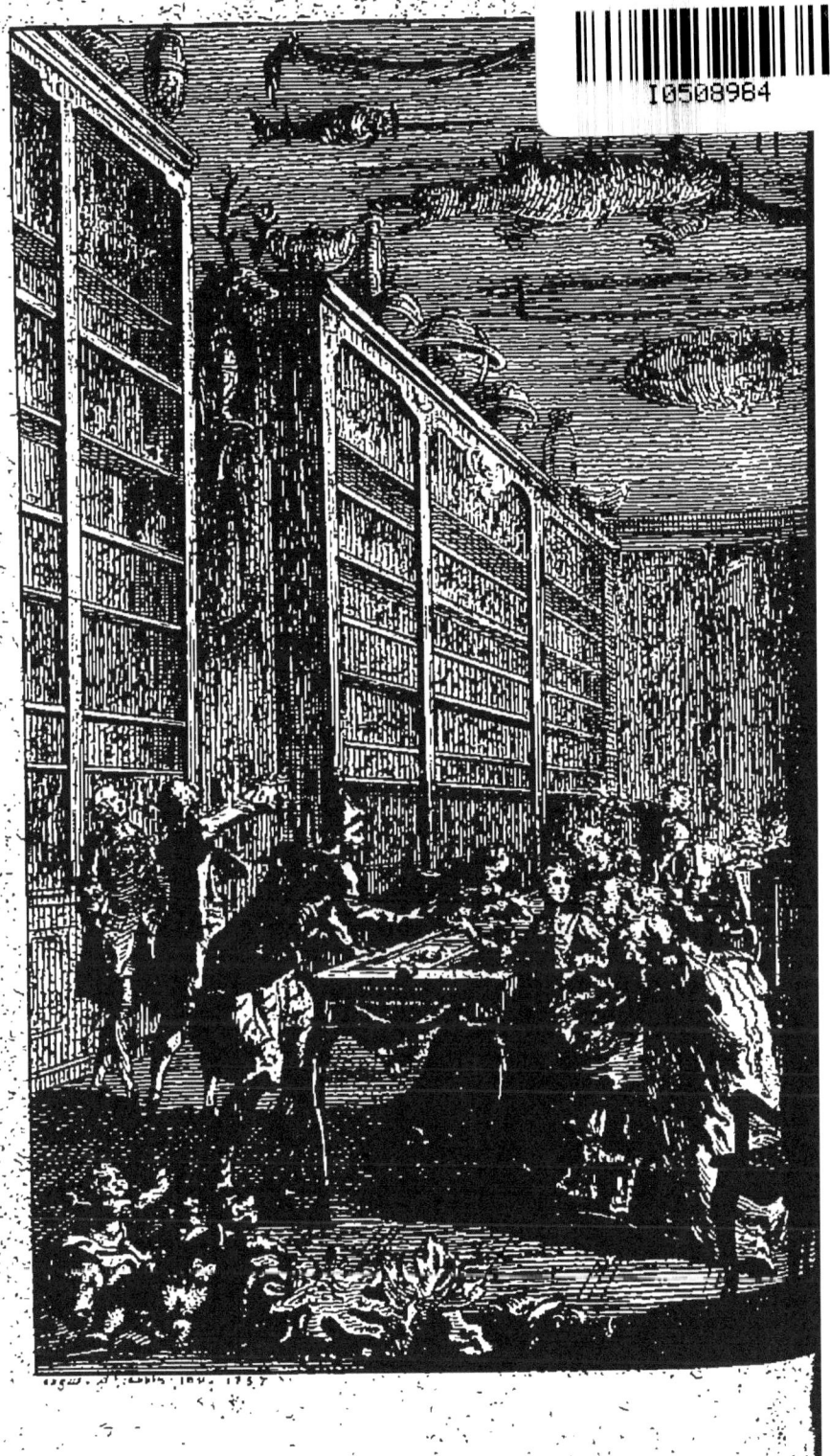

CATALOGUE
RAISONNÉ

Des Tableaux, Estampes, Coquilles, & autres Curiosités; après le décès de Feu Monsieur Dezalier d'Argenville, Maître des Comptes, & Membre des Sociétés Royales des Sciences de Londres & de Monpellier.

Par Pierre Remy.

A PARIS.

Chez Didot, l'aîné, Libraire & Imprimeur, rue Pavée, la premiere Porte cochere, en entrant par le Quai des Augustins.

M. DCC. LXVI.

NOTA. *La Vente des Objets qui composent l'Histoire Naturelle dans tous les genres, & qui seront entremêlés dans chaque Vacation ; se fera le Lundi 3 Mars 1766, & jours suivans, trois heures précises de relevée, dans la Maison de Feu M. d'Argenville, rue du Temple, proche celle de Pastourelle.*

On vendra ensuite sans discontinuation les Tableaux, & l'on finira par les Estampes qui seront aussi entremêlées, pour rendre tous les jours de Vente extrêmement intéressans.

Les Curieux qui desireront voir les Objets qui les intéresseront, pendant les trois jours qui précéderont celui de l'ouverture de la Vente, sont priés d'avoir pour agréable de faire avertir chez Madame d'Argenville, ou chez P. Remy, Peintre, rue Poupée, la deuxieme Porte Cochere en entrant par la rue Haute-Feuille.

TABLE

Des Objets contenus dans ce Catalogue.

Avertissement. page j
Tableaux. 1
Tableaux à Gouazze & en Pastel. 15
Estampes Ecole d'Italie. 17
Estampes Ecole des Pays-Bas. 37
Estampes Ecole Françoise. 73
Recueils de Portraits de choix. 83
Recueil d'Estampes de J. Callot. 88
Œuvre de Séb. le Clerc. 92
Recueil de Bernard Picart. 96
Recueil d'Estampes des trois Ecoles. 101
Paysages, Chasses, Animaux, &c. de différens Maîtres & Ecoles. 104
Topographie & Géographie. 107
Différentes Suites & Livres d'Estampes. 110
Un Droguier. 113
Pierres fines & autres. idem.

a ij

TABLE.

Plaques d'Agates, de Cailloux, & autres morceaux agréables. 116

Cristaux & Cristallisations. 119

Marbres, Pierres de Florence, Pierres de Rapport, Pierres Empreintes, & Ardoises. 121

Mines d'Or, Mines d'Argent, & autres Mines. Idem.

Pétrifications, Incrustations, Madrepores, & autres Morceaux. 124

Lytophites, Coraux, &c. 127
Bois Agatifié. 130
Collection de Coquilles. Idem.
Un Herbier en 6 vol. 148
Oiseaux & Animaux dans des Cages de Verre. Idem.
Oiseaux & Animaux dans des Phioles, & Bocaux. 149
Animaux desséchés, Papillons, &c. 150
Bagues & autres effets. Idem.
Addition. 151

Fin de la Table.

AVANT-PROPOS.

Le Catalogue du Cabinet dont nous annonçons la Vente, doit naturellement être précédé d'un hommage Littéraire rendu à celui qui l'avoit formé. Nous croyons même, en nous acquittant de ce devoir, répondre aux defirs des Amateurs des Beaux Arts.

M. d'Argenville étoit de ces bons Citoyens qui ne se contentent pas de jouir, de s'amuser, de s'instruire, mais qui communiquent volontiers les connoissances qu'ils ont acquises. Il cherchoit plus la douce satisfaction d'être utile, que la vaine gloire de la science : quoique d'un caractere extrêmement vif, il étoit infatigable au travail, sans que ses goûts particuliers l'aient jamais détourné des devoirs de sa place & de la société. C'étoit toujours pour les remplir, & quelquefois pour chercher du délassement, qu'il quittoit son Cabinet où il vivoit plus que par-tout ailleurs.

L'amour pour l'étude que ses dernieres années n'altérerent en rien, lui fit toute sa vie employer son tems utilement. Il n'avoit pas trente ans lorsqu'il publia *La Théorie & la pratique du Jardinage*, en un vol. *in* 4°. orné de Figures. Cet Ouvrage reçut du Public tout l'accueil qu'il pouvoit en attendre. Pour en faire l'éloge, il suffit de dire qu'on en a fait quatre Editions à Paris, sans compter celles de Hollande & d'Angleterre où il été traduit.

En 1736 le goût de l'Histoire naturelle commença à se répandre dans Paris. Avant cette époque, personne ne s'étoit livré à l'étude de cette branche de la Physique, non moins utile qu'amusante. M. Gersain, si connu par ses Catalogues, fut celui qui y contribua le plus. Il avoit apporté de Hollande des Coquilles, des Madrépores, des Papillons & autres Curiosités. Les Ventes publiques qui s'en faisoient chez lui y attiroient beaucoup de monde: les Curieux en différens genres étoient flat-

AVANT-PROPOS.

tés d'y trouver réuni tout ce qui pouvoit satisfaire ou exciter leur goût. Ils se formerent des Cabinets & voulurent y mettre de l'ordre. Il leur manquoit un Ouvrage François sur cette matiere : M. D. qui avoit déja commencé sa Collection, fut des premiers à sentir l'utilité d'un pareil Ouvrage ; il composa donc son Livre sur la Lithologie & la Conchiliologie. L'évenement a pleinement justifié ses vues. Cet Ouvrage a donné l'être à tous les beaux Cabinets que renferme cette Capitale. Il parut d'abord en 1742 en un vol. *in* 4°. Ce n'est pas ici le lieu d'en faire un extrait. Il suffit de dire que dans la premiere partie on traite des Terres, des Pierres, des Minéraux, des Fossiles ; & que dans la seconde il est question des Coquilles. L'Auteur, pour en faciliter l'arrangement dans les Cabinets, les distribue en différentes familles, annonce celles qui sont rares, les Pays d'où on les tire, la façon de les nettoyer.... Comme la meilleure maniere d'inſtruire eſt de parler aux yeux en même tems qu'à l'eſprit, l'Auteur eut ſoin de faire graver de très belles Planches d'après des Deſſeins faits avec la plus grande intelligence.

Cette Edition fut bientôt épuiſée : M. D. qui dans l'intervalle avoit acquis de nouvelles lumieres, en fit part au Public dans une réimpreſſion qui parut en 1755 en deux vol. *in* 4°. Peu de tems après il y ajouta un Supplément orné de trois nouvelles Planches dans la vue de faire connoître des pieces rares qui avoient échappé à ſes recherches.

En 1751 il donna au Public un petit Ouvrage intitulé *Enumerationis Foſſilium quæ in omnibus Galliæ Provinciis reperiuntur Tentamina*. Son but fut d'indiquer les endroits de France où ſe trouvent les Foſſiles. Il ne le fit paroître que ſous le titre d'Eſſais, parcequ'il ſentit que ſon Catalogue étoit incomplet, & qu'il ne pouvoit ſervir que d'ocaſion aux Savans pour étendre le cercle de nos connoiſſances, & que d'indication aux amateurs de l'Histoire naturelle pour former des Collections en ce genre. Dans la seconde Edition de la Conchiliologie, dont je viens de parler, ce Traité des Fossiles y reparut en François, enrichi des recherches que plusieurs Physiciens avoient communiquées à l'Auteur.

L'Etude de la Physique n'étoit pas la seule à laquelle M. D. s'étoit livré. Il avoit voyagé en Italie dans sa Jeunesse, & y avoit perfectionné son goût naturel pour tous les Arts qui dépendent du dessein. Plein d'admiration pour les Chef-d'œuvres qu'il y avoit remarqués, il voulut en connoître les Auteurs; il s'appliqua donc à recueillir des Mémoires sur la Vie de tant de grands Peintres, dont l'Italie se glorifie d'être la Patrie.

Tels furent les Matériaux de l'Ouvrage qui parut en 1745, sous le titre d'*Abrégé de la Vie des plus fameux Peintres*, 3 vol. *in* 4°. Cette production eut le sort des autres Ouvrages de M. d'Argenville, c'est-à-dire qu'elle fut très bien reçue. Son Discours sur la Connoissance des Desseins & des Tableaux, & ses Réflexions judicieuses sur le Caractere des Apelles, anciens & modernes, réunirent les suffrages. On fit de ce Livre une nouvelle Edition en 1762, en quatre tomes *in 8°*. elle est supérieure à la premiere, & plus étendue par rapport aux Ecoles Flamande & Françoise.

Tant d'Ouvrages dont le succès a été des plus heureux, ont mérité à M. D. d'être admis dans les Sociétés Royales de Montpellier, de Londres & de la Rochelle. Dès 1714, l'Académie des Arcades l'avoit reçu parmi ses membres.

Son Cabinet est le fruit de ses Voyages, & de ses Connoissances. Aussi doit-on s'attendre à y trouver de très belles choses dans la partie de l'Histoire Naturelle, & dans celle du Dessein. Il y avoit rassemblé les différentes Productions de la Nature par rapport aux regnes minéral, végétal & animal. Le

AVANT-PROPOS.

premier offre des Terres, des Sables, des Bols, des Pierres fines, des Cristaux, des Agates, des Jaspes, des Fossiles. Dans le regne végétal, on trouvera des Madrépores, des Litophites, des Coraux, un Herbier. Le regne animal est composé d'Animaux, d'Insectes, de Papillons, de Reptiles, de Coquilles.

La partie du Dessein renferme des Tableaux des différens Maîtres, & des différentes Ecoles, & une Collection d'Estampes très considérable ; ce n'est point trop dire que de la qualifier de superbe, tant pour la rareté de plusieurs morceaux, que pour la beauté des Epreuves.

Les Desseins qui faisoient partie de cette riche Collection, ne seront point vendus. Le choix en a été fait avec beaucoup de discernement ; & ils sont tous des plus grands Maîtres, à commencer depuis la naissance de la Peinture en Italie, jusqu'à nos jours. Nous ne faisons cette remarque que pour prouver que M. D. n'avoit épargné ni soin, ni argent, dans la réunion des objets curieux qui peuvent former un beau Cabinet.

Il entretenoit un commerce de Lettres avec un grand nombre de Savans, tant de l'Europe, que des Pays Etrangers, & ils s'aidoient réciproquement de leurs lumieres & de leurs richesses.

Tous les Amateurs étoient reçus chez lui avec l'accueil le plus honnête; c'étoit l'obliger que de venir s'amuser & s'instruire avec lui. Les Etrangers qui le connoissoient déja de réputation, & par ses Ouvrages, venoient chez lui avec confiance, & y étoient reçus avec la plus grande politesse. Un air noble, des manieres vives & prévenantes, annonçoient la candeur de son ame. Un tempéramment, d'autant plus robuste, qu'il ne fût altéré par aucune maladie, l'a fait parvenir à un âge fort avancé, étant mort le 29 Novembre dernier, agé de 85 ans.

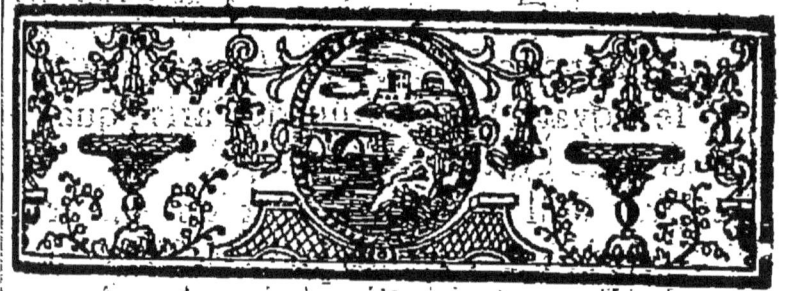

CATALOGUE
RAISONNÉ

DES TABLEAUX, Estampes, Coquilles, & autres Curiosités; après le décès de Monsieur D'ARGENVILLE, Maître des Comptes, & Membre des Sociétés Royales des Sciences de Londres & de Montpellier.

TABLEAUX.

Ecole d'Italie.

1 UNE Ste Famille, peinte sur toi- 100 . 1
le collée sur bois, de * 47 pouces
de haut, sur 37 de large, dans sa
bordure de bois doré. Ce Tableau

* *Les mesures des Tableaux sont prises, sans y comprendre les bordures.*

TABLEAUX,
est annoncé d'*André del Sarte*, dans le Voyage Pittoresque de Paris, quatrieme Edition, page 248.

33   2 Une Villageoise, tenant un panier dans lequel sont des poulets. Tableau du *Barroche*, indiqué dans le même Voyage Pittoresque, page 242. Il est peint sur une toile de 42 pouces de haut & 29 de large.

130   3 Le même Voyage Pittoresque, annonce dans ce Cabinet, le Baptême de N. S. peint par *Paul Veronese*, sur une toile de 18 pouces de haut, & 13 de large.

6 . 1   4 Une Etude de la Mariée qui se voit dans le Tableau des Nôces de Cana, par *Paul Veronese* : ce morceau qui est peint sur papier, porte 9 pouces demie de haut, sur 6 & demie de large.

12   5 Ste Catherine, Martyre; Tableau de *Jacques Bassan*, gravé dans le Cabinet d'Aguilles, par Coëlemans : il est sur une toile de 9 pouces & demie de haut, sur 5 de large.

50 . 1   6 Un Tableau, sur toile collée sur bois de 8 pouces de haut, sur 10 de large, peint par *François Albanne*; il représente un Vœu fait à la Vierge.

18   7 Un Paysage de *François Molle* : on y

ECOLE D'ITALIE.

voit une Femme qui porte un panier de linge sur la tête : ce Tableau est peint sur toile, il porte 15 pouces de haut, sur 12 de large.

8 L'Adieu de S. Pierre & de S. Paul, sujet composé de sept figures, par *Sebastien Ricci* ; ce Tableau touché de goût, est peint sur toile, de 13 pouces de haut, & 10 de large. 18

9 La Vue d'une Ville d'Italie, prise du côté de la Riviere ; ce Tableau interessant, est peint par *Gasparo Van Vitelle*, sur une toile de 13 pouces de haut, & 18 de large. 72

10 Deux Paysages dans la maniere du Gaspre, peints sur toile, l'un de 9 pouces de haut, sur 12 de large, & l'autre de 12 pouces sur 15 de large. 12 . 19

11 Un Tableau composé de quatre figures à mi-corps, par *Pascolin*, Peintre moderne d'Italie : il est sur une toile de 8 pouces de haut, sur 10 & demie de large. 6

12 Un jeune Enfant qui étudie son Alphabet, figure à mi-corps, par *Antoine Morozi*, ce Tableau porte 10 pouces de haut, sur 7 de large. 6 . 6

Ecole des Pays-Bas.

13 Plusieurs Chasseurs dans un Bois, 36

A ij

4 TABLEAUX,

Tableau dans la maniere de Paul Brill, peint fur cuivre de 6 pouces & demie de haut, fur 8 & demie de large.

14 Un Sujet allégorique, tiré de l'Hiſtoire de Henri IV, par *Pierre Paul Rubens*, peint ſur papier, collé ſur toile : ce Tableau, dans lequel on compte 12 figures, eſt eſtimable, il porte 18 pouces de haut, ſur 27 de large.

Le Voyage Pittoreſque annonce Tableau comme étant un des plus beaux de cette Collection.

15 Six Amours faiſant la Moiſſon : ce Tableau eſt auſſi cité dans le même Voyage Pittoreſque, il eſt peint ſur bois, & porte 19 pouces de haut, ſur 34 de large.

16 Un Payſage avec de l'Architecture & des ruines, dans lequel ſe trouve placée une Sainte Famille, il y a ſix figures, dont la plus grande a trois pouces de proportion : ſept autres Figures & des Animaux ſe voient dans l'éloignement, ſur différens Plans : ce Tableau que l'on peut mettre du nombre des bons Morceaux de

Corneille Poelemburgh, est peint sur bois; il porte 12 pouces de haut, sur 15 & demie de large.

17 Un Tableau du même Maître, aussi peint sur bois, de 10 pouces & demie de haut, sur 14 de large; il représente un Paysage avec de très belles Ruines, au bas desquelles coulent un Ruisseau, on y voit encore six Femmes. 240

18 La Vue du Temple de la Sibylle Tyburtine, peinte sur cuivre, par *Breughel de Velours*. 620

Ce Tableau, outre la richesse de la Vue qu'il représente, a l'avantage d'être orné de 22 Figures de diverses grandeurs, les huit principales sont des Gens qui acheptent du poisson à l'arrivée de plusieurs Barques de Pêcheurs sur lesquelles sont beaucoup de petites Figures. L'on remarque avec satisfaction dans ce Tableau, une touche ferme & un coloris ragoutant, qui donne lieu de croire que Breughel de Velours l'a peint en Italie; il porte 6 pouces trois quarts de haut, sur 9 pouces 4 lignes de large.

355   19 Plusieurs Maisons de Paysans, devant une desquelles est une Femme debout proche de deux Hommes à Table, un Canal sépare ces Maisons : il paroît être celui de *Vilvort*, & on voit la ville d'Anvers dans l'éloignement : ce Tableau est très joli & du bon tems de *David Teniers* : il est peint sur bois, & porte 6 pouces de haut, sur 8 de large.

102 . 6   20 Un autre Tableau peint sur bois, par le même Maître, l'on y remarque une Paysanne & quatre Paysans, dont deux avec des besaces, à la Porte d'un Cabaret : il porte 6 pouces & demie de haut, sur 9 de large.

6 . 11   21 Une Tabagie où sont quatre Figures : Tableau peint sur bois dans la maniere de David Teniers : il porte 4 pouces & demie de haut, sur 6 de large.

24   22 Trois petits Tableaux, représentant des Fumeurs.

72   23 Une Charrette attelée d'un Cheval blanc, & huit Figures dans une Campagne : Tableau peint sur bois de 8 pouces de haut, sur 10 de large, par *André Both*.

24 Un Tableau du bon tems de *Philip-* 380
pe *Wouvermans*, représentant un Hiver, peint sur bois, il porte 12 pouces de haut, sur 18 de large. J. Moyreau en a gravé l'Estampe, qui a pour titre les Bucherons, c'est la 76 de son Œuvre.

25 Un autre Tableau connu sous le nom 801
du Colombier du Maréchal, par l'Estampe gravée, par J. Moyreau, N°. 26. M. J. B. Descamps annonce ce Tableau du nombre des plus connus de *Philippe Wouvermans*: il est peint sur toile de 17 pouces de haut sur 20 pouces & demie de large.

26 Un Paysage Montagneux enrichi de 80
Fabriques, on voit un Homme debout sur un terrein élevé, deux Femmes & des Vaches dans la prairie. Ce joli Tableau de couleur agréable, est peint sur cuivre, par *Bartholomé Bréenberg*: il porte 5 pouces trois quarts de haut, sur 8 pouces trois quarts de large.

27 Un autre Tableau, Paysage & Fa- 40
briques avec des Figures, par *Bartholomé*, peint sur bois de 8 pouces de haut, sur 11 de large.

28 La Vue d'un bois proche une Rivière 6
par *Antoine Waterloo*, peint sur bois

8 TABLEAUX,
de 12 pouces de haut, sur 14.

144   29 Un Paysage avec Figures & Animaux de *Vander Meer*, peint sur cuivre de 5 pouces & demie de haut, sur 4 de large.

Ce Tableau est un des plus précieux que l'on puisse voir de ce Maître : il est clair, agréable & rempli d'intelligence ; les Arbres sont légers ; les Figures & Animaux en grand nombre, sont touchés spirituellement, se grouppent bien ensemble par enchaînement, & passent au tour de plusieurs Rochers, pendant que d'autres entrent dans un Bois.

25   30 La Vue d'un Pont, sous lequel passe une Riviere, où sont des Baigneurs, des Bois & Côteaux dans l'éloignement : Tableau peint sur bois par *Greffier* ; il porte 9 pouces & demie de haut, sur 12 & demie de large.

48   31 Des Moutons dans une Campagne, & un Homme avec une Femme assis sur une élévation de terre : ce Tableau peint par *Vander Meer de Jonghe*, est sur bois, de 10 pouces de haut, sur 13 de large.

32 Deux Tableaux en pendans, dont un 160
des plus beaux & des plus finis de *Herman Swanevelt*, représentant un Payſage avec Figures : ils ſont peints ſur cuivre, & portent chacun 8 pouces & demie de haut, ſur 13 & demie de large.

33 Loth & ſes Filles, Figures d'environ 150
9 pouces de proportion : ce Tableau qui eſt original, & qui eſt véritablement touché avec beaucoup de fineſſe, a toujours paſſé pour être peint, pour les Figures, par *Jean Rottenhamer*, & le Payſage, par *Breughel de Velours* : il eſt ſur cuivre de 11 pouces de haut, ſur 13 de large.

34 Un jeune Homme à tête nue, mains 69 . 2
gantées & portant un manteau : Figure à mi-corps peinte ſur bois, par *Corneille Poelemburg* : il porte 4 pouces de haut, ſur 3 de large.

35 Deux Tableaux peints ſur bois de 52 -12
chacun 9 pouces de haut, ſur 12 de large : l'un repréſente des Jardins, des Montagnes & une Riviere où ſe trouvent des Blanchiſſeuſes & des Baigneurs : l'autre un Hiver avec des Patineurs & des Femmes qui ſont ſur la glace. Ces deux Tableaux ſont très riche de compoſition, bien con-

servés, & du meilleur tems de *Zéeman*.

40 - 12 36 Un petit Tableau composé de deux Figures distinguées, dans une chambre, peint par *Gonzales*, surnommé le petit *Van Dyck* : ce Tableau porte 7 pouces un quart de haut, sur 6 un quart de large.

96 37 Un Paysage avec Figures & Animaux, peint par *Van Romyn*, sur bois de 12 pouces de haut, sur 14 & demie de large.

24 - 2 38 Un Tableau peint sur bois, par *Jean Asselin*, de 12 pouces de haut, sur 18 de large : il représente deux Charrettes, avec des Hommes dans la Riviere, & plusieurs Figures & Animaux qui passent sur un Pont.

6 39 Une Marine peinte sur bois, par *Zéeman*, sa forme est ronde, son diametre a 6 pouces.

18, 6 40 Un Paysage avec des Ruines, figures & Animaux, dans le goût de Bartholomé, peint sur cuivre de 9 pouces de haut, sur 11 de large.

9 41 Un Tableau de forme ronde, représentant un Paysage avec Figures, original dans le goût de Breughel : il est peint sur bois, & porte 10 pouces & demie de diametre.

42 Deux Figures & des Moutons : Ta- 60 . 12
bleau peint sur bois, par *Bout*, dans
le goût de Berghem : il porte 13 pouces & demie de haut, sur 10 & demie de large.

Ecole Françoise

43 Un Tableau de considération, peint 300
par *Nicolas Poussin* : il représente la
Peste dans la ville de Rome : les plus
grandes Figures ont 7 à 10 pouces de
proportion : une belle Ordonnance
d'Architecture qui enrichit le fond,
est peinte par *Le Maire*. Baron de Toulouse & Gérard Audran l'ont gravé :
ce Tableau est peint sur toile de 54
pouces de haut, sur 72 trois quarts
de large.

44 Le Mariage de la Vierge, peint sur 502
toile, par *Eustache le Sueur* : on y
compte 17 Figures d'environ 2 pieds
de proportion : ce Tableau a des beau-
tés réelles, qui le font considérer : il
porte 31 pouces de haut, sur 37 de
large.

45 Joseph & Putiphar, par le même 526
Maître, peints sur toile de 14 pouces
3 ligne de haut, sur 20 de large.

46 S. Bruno distribuant son bien aux 61
Pauvres : Tableau de 27 pouces de

A vj

12 TABLEAU,

haut, fur 21 pouces de large.

100   47 Une Bataille, peinte par *Jacques Courtois*, dit le Bourguignon, fur toile de 10 pouces de haut, fur 17 de large.

180   48 Une Ste Famille, peinte par *Sébaftien Bourdon* : Tableau de forme ovale, fur toile de 16 pouces de haut, fur 14 de large.

499-19 49 Un Payfage dans lequel on voit un Berger affis proche d'un Arbre, qui joue du Flageolet en gardant les Moutons. *Claude Gelée*, dit le Lorrain, Auteur de ce Tableau, y a repréfenté le Lever de l'Aurore : il eft peint fur toile de forme octogone & porte 11 pouces un quart de haut, fur 13 trois quarts de large.

301   50 *Monfieur*, frere unique du Roi Louis XIV, allant à l'expédition de St Omer : ce Tableau que *Vander-Meulen* a peint dans fon bon tems, & qui eft gravé dans l'œuvre de ce Maître, eft fur toile de 11 pouces un quart de haut, fur 16 & demie de large.

23.1 51 Un Payfage ou eft une Riviere, peint par *Jean-Baptifte Foreft* : ce Tableau d'un bon coloris fans avoir pouffé au brun, comme il s'en trouve souvent de ce Maître, est peint sur cuivre & porte quatorze pouces & demie de haut, sur 24 de large.

52 Un autre Tableau avec Figures, 9 peint par le même Maître, sur toile de 20 pouces de haut, sur 16 de large.

53 Une Femme assise & vue à mi-corps, 97 elle est connue sous le nom de la Rêveuse, peinte par *Jean-Baptiste Santere*, sur une toile de 11 pouces & demie de haut sur 9 de large.

54 Une Vue du Colisé, avec Figures 24 1 & Animaux, par *Courtois*, Disciple de Claude Gelée, peinte sur bois de 5 pouces de diametre.

55 Un petit Paysage avec Figures & Animaux, peint par *Francisque* : il porte 5 pouces de diametre.

56 Le Mariage de Ste Catherine, Es- 16 quisse du Tableau de *Boulogne l'aîné*, qui est dans la Chapelle de Versailles: il est peint sur toile de 15 pouces de haut, sur 11 & demie de large.

57 Un Paysage avec des Animaux, 12 . 5 peint par *Vander Cabel*, sur toile de 10 pouces & demie de haut, sur 13 & demie de large.

58 Un Paysage avec Figures, par *Fran-* 4 6 *cisque*, l'ordonnance est des plus ri-

che: il est peint sur toile de 16 pouces & demie de haut, sur 24 de large.

59 Un Philosophe en méditation, peint sur toile, par *Michel Corneille* : il porte 12 pouces de haut, sur 9 de large.

60 Une Bataille : Tableau peint sur toile de 15 pouces & demie de haut, sur 26 & demie de large.

61 Un Paysage dans le goût de Francisque, peint sur bois de 9 pouces de haut, sur 12 de large.

62 Le Portrait du Peintre Tortebat, peint, par *de Piles*, sur toile de 24 pouces de haut, sur 18 de large.

63 Un Grouppe d'Ange entouré d'une Guirlande de fleurs, Tableau peint par *Corneille* : il porte 14 pouces de haut, sur 13 de large.

64 Un Tableau, Esquisse de *Jouvenet*, représentant la Pentecôte, peinte sur une toile de 27 pouces de haut, sur 21 de large.

65 Le Portrait d'un Chartreux, peint par *Lefevre*, sur une toile de 33 pouces de haut, sur 27 de large.

66 Deux petits Paysages de *Collandon*, sur toile.

A GOUAZZE ET EN PASTEL.

Tableaux peints à Gouazze, & en Pastel.

67 Deux Tableaux très riches de com- 120
position & d'une belle conservation :
ils représentent des Sujets de Guerre,
peints à *Gouazze*, par *Willem-Baur* :
ils portent chacun 4 pouces & demie
de haut, sur 6 de large, non compris
les Verres & bordures dorées.

68 Un petit Paysage avec Figures aussi 10.11
peint à *Gouazze*, par un Maître des
Pays-Bas.

69 Une jolie Tête de Femme un peu 48
panchée, vue de trois quarts peinte en
pastel, sur papier bleu, par *Rosalba
Carriera* : sous verre & bordure noire.

70 Une autre Tête de Femme vue de 60
face, peinte en pastel, par la même
Rosalba Carriera, sous verre & bordure dorée.

71 La Tête d'un Zéphyr, de grosseur 13.10
naturelle, dans une bordure noire.

72 Le Buste d'un jeune Homme, tenant 14.1
une carotte, peint en pastel, par
François Boucher, sous verre & bordure dorée.

73 Une jolie Tête de Femme coëffé en 9
cheveux, avec perles & rubans, vue
de profil, peinte en pastel par le
même *François Boucher*, sous verre
& bordure noire.

74 Autre Tête de Femme, par *Noel Coypel*, fous verre & bordure noire.

ESTAMPES,

ECOLE D'ITALIE.

75 LE Triomphe de Jules-César, en 9 pieces, gravé en clair-obfcur, par *André Mantegne*.

Allegri, dit le Correge.

76 L'Ecce Homo, gravé par *Auguftin Carrache*, ancienne Epreuve bien conditionée.

77 La Vierge tenant l'Enfant Jefus accompagnée de la Magdeleine & de S Jerôme, grande piece gravée par *Auguftin Carrache*, belle Epreuve.

78 La Vierge préfentant la mamelle à l'Enfant Jefus, accompagnée d'un Ange, gravée par *F. Spiere*.

79 Sept Pieces, dont une Nativité par *Mitellus*, & une grande Ste Famille par *François Briccio*.

80 Un Nativité, connue fous le nom de la Nuit du Correge, gravée par *Surugue le fils*, très belle Epreuve: cette Eftampe fe trouve dans la fuite de la Gallerie de Drefde.

ECOLE D'ITALIE. 17

81 Deux grandes Pieces qui sont Da- 23
naé & Leda, gravées par *Gaspar
Duchange*, premieres Epreuves,
avant les linges.

Michel Ange Bonaroti.

82 Le Jugement dernier, gravé par 18 . 9
Martin Rota, beau d'Epreuve & rare.
83 Sept différents Sujets, gravés par
des Maîtres Anciens.

Titien Vicelli.

84 Le Protrair du Titien, gravé par 11 . 19
Augustin Carrache, très beau d'E-
preuve quoiqu'avec l'écriture qui est
au-dessus du Portrait.
85 Deux Sujets de Vierge, par *Cor-* 10
neille Bloemaert, brillants d'Epreuves.
86 Dix pieces, dont plusieurs gravées 2
par *Corneille Cort & Martin Rota*.
87 Dix autres par *Morin, Rousselet,* 3 . 16
Baron, & autres Graveurs.

Raphael Sancio d'Urbin.

88 La Cène, gravée par *Marc-Antoine*, 24
très belle Epreuve.
89 Le Repas du Pharisien, gravé par 15
Marc-Antoine, fort beau d'Epreuve.
90 Ste Cécile, dite au collier, gravée 36 . 1

par *Marc-Antoine* : l'ombre qui se remarque sous le menton de cette Sainte, est aussi forte qu'on le puisse desirer pour annoncer cette Epreuve des plus parfaites.

15   91 Le Martyre de Ste Martine, par *Marc-Antoine*, Epreuve où l'on ne voit pas l'oreille de la Sainte.

23   92 N. S. prêchant à la Porte du Temple, & S. Paul prêchant dans Athènes : ces deux Pieces gravées par *Marc-Antoine*, sont belles & anciennes Epreuves.

10 . 11   93 Deux autres Pieces, la Vierge à la longue Cuisse, & une Vierge avec l'Enfant Jesus.

20 . 10   94 Une Piece gravée par *M. Antoine* connue sous le nom des cinq Saints, Epreuve vigoureuse & bien conservée.

12   95 Deux Massacres des Innocents, l'un est avec le chicot, & l'autre sans le chicot.

36   96 Le Parnasse, gravé par *Marc-Antoine*, Epreuve de la plus grande beauté.

7   97 Le Jugement de Paris, par le même, Epreuve sans être retouchée.

3   98 Quinze Pieces gravées en clair obscur, par *Andreassi de Mantoue*, Ni-

ECOLE D'ITALIE,

tolo Vicentino, & autres Graveurs Anciens. Plus, deux Têtes à la maniere du crayon, par *De Marteau*.

99 L'Adoration des Bergers, grande 30. 11
Piece des plus estimables de *Corneille Bloëmaert*, superbe Epreuve.

100 La Ste Famille, gravée par *G. Ede-* 48. 12
linck, Epreuve avant les armes & sans l'écriture, rare.

101 La Ste. Vierge levant un linge pour 31. 4
regarder l'Enfant Jesus qui dort, & une Ste Famille : toutes deux gravées par *F. Poilly* : très belles Epreuves.

102 Deux Saintes Familles gravées, par 23. 17
Poilly, & une par *Pittau*, superbes Epreuves.

103 La Ste Vierge, par *Nicolas de Lar-* 7. 4
messin Nº. 20 du Recueil de Crozat, Epreuve d'une extrême beauté.

104 Trois Sujets de Vierge, par *Bou-* 16.
langer, belles Epreuves.

105 Trois Saintes Familles gravées par 5. 10
Pesne, *Villamene* & *Vouillemont*, & deux Sujets de Vierge, par *Vanschuppen* & *Sadeler*.

106 Quatre Pieces, dont S. Luc qui 14. 19
peint la Vierge, gravé par *Bloëmaert*, La Vision d'Ezéchiel, par *Poilly*, & la Transfiguration, par *Thomassin*, Edition de Goyton.

4 . 15 — 107 Le Parnasse, par *Vouillemont* : les Planettes en 9 Pieces, par *Dorigny*, & 12 autres Estampes, dont l'Ange qui conduit Tobie, gravée par *Antoine Carrache*.

15 — 108 Les Actes des Apôtres en 8 pieces, compris le Titre, par *Dubosc*, *Lépicié*, *Bauvais* & *Tardieu* : très anciennes Epreuves.

14 - 19 — 109 Les Peintures de Raphael au Vatican, en 15 grandes pieces gravées, par *Pierre* & *François Aquila*.

5 . 3 — 110 L'Ecole d'Athène, par *Hieronimus Cock*. La dispute du S. Sacrement de *G. Mantuan*, & une Bataille, par *Ja. Caraglius Veronensis* : très belle Epreuve.

Jule Romain.

19 — 111 Le Repas des Dieux, en trois feuilles assemblées, gravé par *Diana* : cette Estampe est rare quand elle est superbe Epreuve, comme l'est celle-ci.

13 — 112 Sept Morceaux gravés par *G. Mantuan* & autres. La Ste Famille, gravée par *Jean Jacq. Flipart*, pour la Gallerie de Dresde, s'y trouve belle Epreuve.

ECOLE D'ITALIE.

Différens Maîtres Anciens.

113 Le Combat de Goliath & le Maſ- · 12
 ſacre des Innocents, ſans le chicot,
 tous deux gravés par *Marc Antoine*.
114 Alexandre qui fait ouvrir un Tom- · 6
 beau : le Couronnement d'un Empereur ſur le champ de Bataille; &
 la petite Peſte, par *Marc Antoine*.
115 Le Martyre de S. Laurent, d'après 9 · 10
 Baccio Bandinelli, beau d'Epreuve.
116 Les deux Femmes qui ſe poignar- 10
 dent appellées les Cléopâtres, & la
 Piece du Zodiaque, par *Marc Antoine*, belles Epreuves : plus, deux
 autres Morceaux.
117 La Caſſolette de *Marc-Antoine*, 23
 bonne Epreuve.
118 Galathé, Neptune ou le *Quos Ego*, 4 · 1
 & La Pile par *Marc-Antoine*; & une
 autre Piece de *S. de Ravenne*.
119 Dix Pieces dont pluſieurs par *Marc-* 4 · 19
 Antoine & *Bonazone*.
120 Douze différens Sujets, gravés par 3 · 9
 Silveſtre de Ravenne, *Beatricius*,
 Jacques Curaglius, *Bonazone*, & autres.

François Mazzuoli, dit *le Parmeſan*.

121 Trente-ſept Eſtampes gravées preſ- 19 · 11

22   ESTAMPES,

que toutes par *le Parmesan* lui même, & deux Pieces gravées en bois.

12 . 17   122 Cinquante-sept Clair-obscurs, dont plusieurs peu communs.

6 . 19   123 Neuf Pieces par *Julio Bolognesi*, *Bonazone*, *Vorsterman* & autres.

10   124 Une Ste Famille, gravée par *Corneille Bloemaert*, belle Epreuve.

Jacques Robuti, dit le Tintoret.

25 . 1   125 St. Jérôme dans le Desert, la Ste Vierge lui apparoît accompagnée de plusieurs Anges. Cete Estampe gravée par *Augustin Carrache* est brillante d'Epreuve & très belle.

17   126 S. Antoine tourmenté par les Démons, gravé par le même *Augustin*, Epreuve des plus parfaites ; & le grand S. Jérôme, beau d'Epreuve.

3 . 9   127 Le Crucifiement en 3 Feuilles, par *Aug. Carrache*.

22 . 10   128 Mercure avec les Graces, & la Sagesse accompagnée de la Paix & de l'Abondance, gravées par *Aug. Carrache* : ces deux Pieces sont très belles Epreuves & bien conditionnées.

3 . 3   129 Deux Descentes de Croix, l'une par *G. Sadeler* & l'autre par *C. Wisscher*, belles Epreuves : elles se trouvent dans le Cabinet de Reints.

130 Sept Pieces, dont la Manne, gra- 3 . 6
vée par *Lucas Kilian* : N. S. avec ses
Disciples, par *G. Sadeler*.

Frederic Baroche d'Urbin.

131 Trois Pieces, parfaites Epreuves, 27
gravées par *Baroche* lui-même, savoir l'Annonciation, le S. François
& la Ste Vierge qui tient l'Enfant
Jesus.

132 Une belle & brillante Epreuve d'E- 16 . 6
née qui porte son pere Anchise, par
Aug. Carrache.

133 Deux Descentes de Croix, gravées 15 . 1
par *Eg. Sadeler* & *F. Villamene* : très
belles Epreuves.

134 Quatre Pieces belles Epreuves, qui 10 . 4
sont le Repos en Egypte de *Cor. Cort*,
N. S. en Jardinier par *Ciamberlanus*;
la Pêche Miraculeuse de *Sadeler*, &
S. Jérôme, de *Villamene*.

135 La Ste Famille à l'oiseau par *Cor.* 8 . 1
Cort, parfaite d'Epreuve, & la Ste
Vierge entre S. Roch & S. Sébastien,
de *C. Bloemaert*.

136 S. François recevant les Stigmates, 19
Estampe gravée par *Willamene* : elle
est sans nom & de la plus grande beauté.

24 ESTAMPES,

François Vanni, ou le Vannius.

9 · 137 Sept Estampes, plusieurs gravées par *Villamene*, & St François par *Vannius*.

28 · 1 138 Saint Jérôme & Saint François, gravés par *Aug. Carrache*. Epreuves de toute beauté.

Jérôme Mucian.

20 · 1 139 Les huit grands Paysages, gravés par *Cor. Cort.* Très beaux d'Epreuves.

Les Carraches.

6 . 10 140 Dix pieces de *Louis Carrache*, dont quatre gravées par lui-même.

18   141 La petite Crêche, le Couronnement d'épines; la Vierge à l'écuelle; & le Christ entre les bras des saintes-Femmes : Epreuve avant les noms d'*Annibal Carrache* & de *Nicol. van Aalst*. Ces quatre Pieces sont autant belles d'épreuves qu'on puisse le desirer.

9 · 1 142 Le Repos en Egypte, par *Annibal Carrache*; les Apôtres en 15 petites pieces, & la Vierge au croissant, par *Aug.* d'après *Ligotius*. Toutes très belles Epreuves.

9   143 L'Aumône, par *le Guide*, d'après
Annibal

ECOLE D'ITALIE. 25

Annibal C. & deux Samaritaines, l'une d'*Annibal C.* & l'autre de *Carla Maratte*. Belles Epreuves.

144 La Chaste Susanne, gravée par *Annibal Car.* Epreuve supérieure. 30 . 1

145 St. Simon, Martyr de Trente, Epreuve d'une grande beauté; & St. Antoine, par *A. Carrache*. 11

146 Quatre Pieces gravées par *Aug. Carrache.* très belles Epreuves, dont la Vierge au grand manteau. 6 . 1

147 Une Adoration des Rois, par *Annibal*; un Repos en Egypte, St. Jerôme, & cinq autres morceaux *du Carrache*. 7 . 10

148 Le grand Saint Jerôme, d'après Tintoret, par *Aug.* & une Priere au Jardin, par *Vorsterman*. Belles Epreuves. 6 . 19

149 Saint Jerôme, gravé par *Annibal Carr.* & treize autres Pieces, tant des Carraches que d'après eux. 3 . 2

150 Quatorze Estampes, dont le Cordon de St. François, par *Aug. Carrache.* 5 . 13

151 La Sainte Famille, dite aux lunettes; par *C. Bloemaert* d'après Annibal. Epreuve superbe. 17

152 Le Silence, par *Henzelman*, & 30

B

une Vierge avec l'Enfant Jeſus, de *Roullet.* Epreuves brillantes.

153 N. S. avec les Stes Femmes, d'après un Tableau d'*Annibal*, qui eſt chez Mgr. le Duc d'Orléans ; & les Trois Maries au Tombeau, par *Roullet* : la Vierge tenant l'Enfant Jeſus adoré par des Anges, gravée par *Poilly*, & cinq autres Pieces.

154 Dix-ſept Morceaux d'après Annibal, Auguſtin & Louis Carrache.

155 Le Prête Jean, Roi d'Ethiopie; le petit Comédien ; un Portrait de Femme ; l'Eventail & une Armoirie, par *Aug. Carrache*. Cet article eſt très intéreſſant.

156 Quatre Pieces, dont les Gueux, & un Bain de Femmes.

157 Une Piece de caprice, connue ſous le nom de la Roſe, gravée par *Auguſtin Carrache*. Epreuve ſurprenante pour la beauté.

158 Trois Pieces de la ſuite des petites Femmes ; le Prophete Jonas ; le Sujet d'*Omnia vincit amor*, gravées par *A. Carrache*. Ces cinq Pieces ſont brillantes, fort belles Epreuves & rares.

ECOLE D'ITALIE.

Guido Reni, dit *le Guide*.

159 Dix-neuf Pieces gravées à l'eau-forte, par *Guide* lui-même, dont le *Quos ego*. 18

160 La Nativité avec les deux Anges, & la Vierge qui tient l'Enfant Jesus, toutes deux gravées par *François Poilly*. 12

161 Fuite en Egypte. *Fuge, Dilecte mei. Poilly sculp.* Epreuve parfaite. 12.13

162 La Vierge & l'Enfant Jesus, gravés par *C. Bloemaert*; & une Sainte Famille, par *G. Edelinck*. 16

163 Vingt-quatre Estampes, gravées par différens Maîtres, dont plusieurs en clairs-obscurs. 15

164 La Nativité de la Vierge, par *Steph. Picart*; une Annonciation, d'après le Tableau qui est aux Carmelites, Fauxbourg S. Jacques à Paris; une Madeleine; & une grande Piece qui a pour titre *la Libéralité & la Modestie*, gravée par *Robert Strange*. 6.19

165 Seize Eaux-fortes gravées par le *Guide* & *Cantarini*. 16

Dominique Zampiérri, dit le Dominiquain.

8 . 4 166 Quatre grandes Pieces, dont la Communion de Saint Jerôme, par *Farjat*; & le Martyre de Sainte Agnès, par *Audran*. Belles Epreuves.

7 .   167 Adam & Eve, du Cabinet du Roi, gravée par *Baudet*; Epreuve avant la lettre, & cinq autres Estampes.

7 . 19 168 Les quatre grands Angles, par *N. Dorigny*; quatre plus petits, par *de Châtillon*; & les quatre morceaux d'après les peintures qui sont à St. Sylvestre *di monte Cavalo*, par *G. Audran*.

François Albanne.

9 . 1 169 Les quatre grands Sujets de l'histoire de Venus, gravés par *Stephan. Baudet*. Anciens d'Epreuves.

Paul Calliari de Verone, dit Paul Veronese.

30 . 1 170 Le Mariage de Ste. Catherine, grande piece de distinction gravée par *Aug. Carrache*. Belle Epreuve & bien conditionnée.

40   171 Autre Mariage de Ste. Catherine, un Ange joue du violon, gravée par

le même *Aug. Carrache*. Epreuve d'une beauté surprenante.

172 Une Sainte Famille, au bas St. *14*
Antoine & Ste. Catherine ; N. S. mort soutenu par la Madeleine & un Ange ; & N. S. en croix. Ces trois morceaux sont gravés par *Augustin Carrache*.

173 Le Martyre de Ste Justine, en *16*
deux morceaux sans être assemblés, gravé par *Aug. Carrache*. Très beaux d'Epreuves.

174 Dix Pieces par différens Graveurs. *7.15*

Jean-François Barbieri da Cento, dit le Guerchin.

175 La Mort de la Vierge ; par *Cor-* *30.2*
neille Bloemaert. Cette Estampe très distinguée est parfaite d'Epreuves.

176 Quatorze Morceaux, gravés par *24.19*
Pasquelinus, *N. Dorigny*, *Pitau*, & autres.

Salvator Rosa.

177 Quarante Morceaux de la suite *11.19*
des Soldats, sept petites frises & sept moyennes pieces en hauteur : le tout faisant partie de l'Œuvre gravé par *Salvator Rosa*.

B iij

178 Un Sacrifice gravé par *A. Laurent*, Anglois; Bélisair, par *Robert Strange*; deux Clairs-obscurs, par *Pond*; & une Suite de païsage, par *Goupy*.

Pietre Berettini, ou *Pierre de Cortone*.

179 Deux belles Pieces gravées, par *F. Spierre*, dont Ste. Martine.

180 Trois Pieces, dont le Mont Athos, par *Spierre*, & l'Adoration des Bergers de *Corneille Bloemaert*. Très belles Epreuves.

181 Le Triomphe de Bacchus, Achille & Polixene; un Sacrifice à Diane, & l'Enlevement des Sabines. Ces quatre grandes pieces sont gravées par *P. Aquila*.

182 Romulus & Remus sur le bord du Tibre, & César qui répudie Pompéia; gravés par *Rob. Strange*, d'après des Tableaux de la Gallerie de l'Hôtel de Toulouse à Paris. Très belles Epreuves.

183 Vingt Pieces gravées par *F. de Louvemont*, G. Edelinck, Bloemaert, & autres.

ECOLE D'ITALIE.

Cirro Ferri.

184 Dix Pieces gravées par *Spierre*, *Bloemaert*, *P. Aquila*, *Baudet*, *Roullet* & *de la Haye*. 14

Jean-Laurent Bernin.

185 Quatre Pieces gravées par *Spierre*, dont le Chrift en croix fufpendu fur les eaux. 4 . 2

Gafpre du Guet.

186 Treize Païfages gravés par *Jean Glauber*, *Vivarès*, *J. Mafon* & *de Granville*. 12

187 Vingt-fix autres de *Vivarès*, *Châtelain*, *Jean Mafon* & *J. Wood*. 25 .10

Benedette Caftiglion.

188 Soixante-quatre Pieces, dont gravées par *Benedette* lui-même; les autres le font par *François Bortolozzi*, *G. Chafteau* & autres. 39 28 .19

Carle Maratte.

189 Quinze Eftampes, dont neuf fujets de Vierges, gravées par *Carle Maratte*. 17

190 L'Eftampe du tableau de St. Clément qui fe voit dans l'Eglife de la

B iv

Minerve, gravée par *P. Aquila*, & trois autres Pieces.

191 Dix Estampes, dont Bethzabée, par *R. V. Auden Aerd*.

Luc Jordans, surnommé, *Il fa presto*.

192 Deux grandes Pieces gravées par *Luc Jordans* lui-même, dont la Femme adultere ; la Chasteté de Joseph, par *Louis Desplaces*, & les quatre grands morceaux de *Beauvarlet*.

Pietre Teste.

193 Dix-neuf Morceaux tant grands que petits, dont dix-huit de *Pietre Teste*.

Barthelemi Biscaino.

194 La Nativité, & St. Joseph qui tient l'Enfant Jesus, gravés par *Biscaino* lui-même.

Paul Panini.

195 Cinq grandes Estampes, gravées par *Jo. Sebast. Muller*, Anglois.

196 Huit autres, savoir, deux de *Vivarès*, deux de M. *Watelet*, deux de Madlle *Lempereur* ; & deux de Moyreau.

ECOLE D'ITALIE.

F. Zucarelli.

197 Quatre grands Païsages avec figures, gravés par *F. Vivarès*. 12.1

DIFFERENS MAITRES.

198 Huit grandes Estampes anciennes gravées par *G. Mantuan*, & autres. 19

199 Trente Estampes d'après André Del Sarte, Bernardinus, Passarus, Samachini, & autres. 10

200 Seize Pieces, dont plusieurs par *André Mantaigne* & *Aug. Vénitien*. 5

201 Vingt-huit de Bonazone, Parmesan, Georges Mantuan, &c. 4.4

202 Douze Estampes d'après Polidor de Caravage, Zuccaro, Castel Genovese, & autres Maîtres. 5.10

203 Joseh & Putiphar d'après Cignani par *Frey* ; une Nativité, & St. Philippe de Neri, aussi par *Frey* d'après Sébastien Conca, & deux sujets du Mole. 8

204 Six Estampes d'après L. Cigoli, Lanfranc & André Sacchi, dont un sujet d'Appollon, par *Rob. Strange*. 12

205 Douze Pieces d'après *Vintura Salimbeni*, *Paul Farinati* & autres 5

206 Vingt-quatre autres, dont plusieurs de *Ribera* & *Palme*. 2.8

B v

207 Les Quatre parties de l'Europe, d'après *Solimene*, par *P. J. Gaultier*, deux pieces de *Tiepolo*, & quatre de *Piazzeta*, par *Pietre Monaco*.

208 Sept Estampes d'après *Philippe Laur*, *Bolognese*, *Cortesi*, & *Simonini*: toutes gravées par des Anglois.

Recueil d'Etienne de la Belle

209 Deux Portraits *de la Belle*, dont un par *Hollar*: le S. Prospere, piece distingué *de la Belle*; des Sujets de Vierges, Fuites & Repos en Egypte, & autres Pieces, en tout vingt-un.

210 Deux grandes Fuites en Egypte, du Cabinet du grand Duc: les Innocents en cinq pieces, deux Branles de la Mort, le Départ de Jacob, & la Bataille des Amalecites, anciennes Epreuves.

211 Le Reposoir, Epreuve d'une grande beauté.

212 Le Portait de l'Empereur Ferdinand II, celui du Prince de Toscane, & quatre Catafalques.

213 Les Vues du Port de Livourne en six pieces, le Château S. Ange, *Pace & Bello* en six pieces, & la Vue du Palais & Jardin du Cardinal Ludovise.

ECOLE D'ITALIE. 35

214 La Vue du Pont-Neuf, premiere Epreuve avant le Coq fur le Clocher de S. Germain l'Auxerois : elle eſt d'une belle condition.   30

215 Le Vaſe de Médicis, cinq grands Payſages & Ruines, les quatre Payſages en hauteur, les quatre Eléments & ſix autres Pieces, toutes belles Epreuves.   17

216 Les douze Payſages dédiés au Duc d'Enguien, huit Payſages plus petit que les précédents, les Polonois, deux Bachanales de forme ronde, &c. en tout trente-trois Morceaux.   16.4

217 Vingt-cinq petits Payſages, de forme ronde, dont pluſieurs du Cabinet du grand Duc.   14

218 Agréable diverſité de Figures en treize Pieces, *Ornamente di Fregi* en ſeize Pieces, & une ſuite de douze Payſages, anciennes Epreuves.   8.12

219 Trente-quatre Morceaux qui ſont; Deſſeins de quelques conduites de Troupes, &c. Les Vues d'Amſterdam, Calais & autres; *Varii Caprici Militari*, & une ſuite de diverſes Figures & Payſages : toutes ces Eſtampes ſont très belles d'Epreuves.   16.4

220 Recueil de diverſes Pieces très néceſſaires à la Fortification, en douze   11.5

B vj

pieces, une suite de petits Caprices en treize Morceaux, compris le Titre, divers Exercices de Cavalerie en vingt une pieces, une suite de huit marines dédiées au Prince de Toscane, & *Varie Figure* en huit pieces : le tout composé soixante-deux Morceaux, tous très anciens, & beaux d'Epreuves.

221 Divers Caprices & divers Animaux, chaque suite composée de vingt-quatre Pieces : plus, les douze Têtes Persannes.

222 Huit Chasses, les Animaux en sept pieces, la Clotilde, & neuf autres pieces du Cabinet du Grand-Duc.

223 La Chasseresse, l'Enfant avec le Masque, qui fait peur à ses Camarades, & deux Bas-relief, d'après Polidor, toutes du Cabinet du Grand-Duc.

224 La Montagne des Philosophes, piece rare, & la Lucrece, belles Epreuves.

225 L'Entrée de l'Ambassadeur de Pologne en six pieces, les deux Ecrans en logogriphes, le Portrait de Montjoye, S. Antoine de Padoue, d'après le Guerchin, trois Carrousels, & le le Repas de Charle de Médicis.

ECOLE D'ITALIE.

226 Le Trivelin, les Enfans d'après le　8 . 11
Guide, le Titre des Œuvres de Sca-
ron, celui dédié à Ferdinand II. La
Tragédie de Mirame en six Pieces,
la Grotte de Vulcain & le Combat
Naval au sujet du Mariage du Grand-
Duc : cet article compose douze pie-
ces, très belles Epreuves.

227 Les divers Embarquements en huit　16 . 19
pieces, les Paysages maritimes en
sept pieces compris le Titre; & quatre
Siéges, dont Porto Longone, &
Piombino.

228 Le grand Livre à dessiner en vingt-　13 . 15
quatre Morceaux & les Chevaux,
Chameaux & Lions en quatres pieces.

229 Le petit Livre à dessiner, des Grif-　13 . 19
fonnements, le Départ de Jacob,
les quatre Saisons, le tout compose
soixante-six Morceaux.

ECOLE DES PAYS-BAS.

230 Un Volume *in-fol.* parchemin con-　45
tenant quatre cens soixante-deux Estampes de Lucas de Leyde, Alde-
grave, Dirich, Vander Staren, Hi-
sibil Peum, Benedette Montagne,
George Peints, Hisbins, Hans Se-
bal de Besan, Jacques Binck, Léo-
nard Gaultier, Mc Etienne de Lône,

Wierx, Hans Brofamer, Martin Schen, Jacques Grand-Homme, Adrien Collart, Virgilius Solis, Petit Albert & Petit Bernard.

Cet Article est intéressant, tant par la beauté des Epreuves de beaucoup de Morceaux qui se trouvent dans ce Volume, que par l'extrême rareté de plusieurs de ces Morceaux, outre la difficulté qu'il y auroit à en rassembler un si grand nombre.

Albert Durer.

3 . ℞ 231 Trois Pieces, dont N. S. portant sa Croix, gravé par *Eg. Sadeler*, très beau d'Epreuve.

Théodore de Bry.

27 . 1 232 Vingt deux pieces, belles & anciennes Epreuves, dont l'Age d'or, le Bal Vénitien, la Fontaine de Jouvence, le Séneque, &c.

ÉCOLE DES PAYS-BAS.

Recueil de Pierre-Paul Rubens.

Pour ne pas être obligé de dire souvent les mots d'épreuves admirables, très belles, parfaites, &c. on avertit que les Pieces qui composent ce Recueil, sont presques toutes de choix. On indiquera seulement les Sujets, les noms des Graveurs, la Page & le Numéro où se trouve chaque Piece, dont M. Hecquet a fait mention dans son Catalogue de l'Œuvre de Rubens.

233 Le Serpent d'Airain, gravé par S. à Bolswert, page 4. n°. 14. premiere Epreuve.

234 Loth qui sort de Sodome, *Lucas Vosterman sculp.* page 2. n°. 4.

Le Jugement de Salomon, *B. Bolswert sculp.* page 5. n°. 20.

235 Le Sacrifice de Melchisédech, *H. Witdouc sculp.* page 3. n°. 9.

Sennacherib, *Soutman effigiavit & exc.* page 5. n°. 21.

Le Bourreau qui donne la Tête de S. Jean à Hérodiade, *S. à Bolswert sculp.* page 14. n°. 38.

La Fille d'Hérodiade qui présente la Tête de S. Jean à sa Mere, gravée aussi par *S. à Bolswert,* page 15. n°. 39.

236 La Chaste Susanne, par *Luc Vosterman,* avec sa Contre-Epreuve, très belles.

237 Le Mariage de la Vierge, *S. à Bolswert sculp.* page 8. n°. 1.

40 ESTAMPES,

Ste Anne, gravée par le même. *Martinus Vanden Enden ex.*

Visitation, *P. de Jode junior sculp.* page 9. n°. 5.

18 — 238 Deux Nativités gravées par *Luc Vorsterman*, page 9 n°. 6 & 7.

40-7. 239 Deux Adorations des Rois, l'une gravée par *Nic. Lauvers*, page 11. n°. 17. & l'autre de *Luc. Vorsterman.* page 12. n°. 23.

24 240 Deux autres Adorations des Rois, gravées par S. à *Bolswert. Vanden Enden ex. Ant.* page 11. n°. 18. & *Lucas Vorsterman*, page 12 n°. 22.

13·10 241 Deux autres ; la premiere gravée par *Witdoeck*, page 11. n°. 19. la deuxieme, sans nom de Graveur, *Alex. Voet ex. Antuerpiæ*, & deux Retours d'Egypte, par *Bolswert* & *Worsterman*, page 13. n°. 29 & 30.

15 242 Fuite en Egypte, *Marinus. sculp.* page 13. n°. 27. rare aussi belle.

24 243 J. C. qui donne les Clefs à S. Pierre. *P. de Jode sculp. Martin Vanden Enden ex.* page 16. n°. 48.

Le Denier de César, *Worsterman sculp.* page 15. n°. 42.

Présentation au Temple, par *P. Pontius*, avant l'adresse de *Gasp. Huberti.* page 14. n°. 33. & le Massacre des Innocens *de Dupuis.*

244 *Ecce Homo. C. Galle sculp.* page 10
19. n°. 66.

L'Apparition des Anges au Tombeau, par *Luc. Vorsterman*, page 24.
n°. 100.

La Madelaine chez le Pharisien, *Mich. Natalis sculp.* page 17. n°. 51.

La Pêche Miraculeuse, *G. Edelink ex.* rue S. Jacques, au Séraphin.

245 J. C. devant Pilate, *Nic. Lauvers* 19 . 19
sculp. page 19. n°. 68.

Portement de Croix, par *P. Pontius*, page 19. n°. 69.

246 Elévation en Croix en trois feuil- 20
les, *H. Withouc sculp.* page 20.
n°. 71.

247 Descente de Croix, par *Luc. Vors-* 20
terman, page 22. n°. 89.

248 J. C. au Tombeau, *P. Pontius* 15
sculp. page 23. n°. 92.

Resurrection, par *S. à Bolswert, Martinus Vanden Enden ex.*

Les Pélerins d'Emmaüs, *W. Swanenburg. sculp.* page 25. n°. 106.

249 Les Pélerins d'Emmaüs, par *H.* 48 . 10
Witdouc, page 24. n°. 103. Cette
Epreuve que l'on prétend être retouchée de la main de Rubens, est ayant
le titre & les noms, rare.

250 Descente du S. Esprit. *P. Pontius* 24
sculp. page 26. n°. 113.

251 Assomption, S. à *Bolswert sculp.* *Mart. Vanden Enden exc.* page 33. n°. 10. Autre Assomption, par *P. Pontius*, page 34. n°. 13.

252 Deux Assomptions, l'une par *Witdoueck*, avant l'adresse de *C. Van Merlen*, page 34. n°. 12. L'autre gravée par *Bolswert*, page 33. n°. 9. *Gillis Hendrick exc.* & la Copie de cette derniere, par *Ragot*.

253 La Ste Vierge & l'Enfant Jesus à qui des Anges présentent une Corbeille de fruits, *Alex. Voet junior sculp.* page 38. n°. 34.

Ste Famille, *Luc. Vorsterman ex.* page 39. n°. 38. & deux autres Saintes Familles, l'une par *Witdoeck*, page 36. n°. 24. & l'autre sans nom de Graveur. *Vanden Enden, ex.* page 40. n°. 45.

254 Huit Estampes représentant des Saintes Familles & des sujets de Vierges, gravés par Suyderhoef, P. Pontius, Luc Vorsterman, Erasme Quellinus, & autres Graveurs Flamands, dont cinq sont les n°s. 27, 30 & 31, pag. 37. no. 36, p. 38, & no. 44, p. 40.

255 Sainte Famille, où l'Enfant Jesus tient un oiseau, S. à *Bolsewert sculp.* Cette Epreuve est avant le nom de

ECOLE DES PAYS-BAS. 45
Gillis Hendrix. Plus la même Estampe avec le nom.

256 Trois Saintes Familles, dont deux 18
gravées par *S. à Bolswert*, pag. 36,
no. 25 & 26. Autre Ste. Famille,
Witdoeck sculp. pag. 36, no. 23: &
la Sainte Vierge que l'Enfant Jesus
embrasse. *Bolswert sculp.* page 37.
n°. 29.

257 Conversion de St. Paul, par *Bols-* 25
wert, page 26 n°. 114.

258 Saint François-Xavier & Saint 17.10
Ignace de Loyola, par *Marinus*,
page 45, no. 14. p. 47, no. 23.

259 St. Laurent martyr. *Vorsterman*, 9 .1
sculp. pag. 48 no 34.

260 Les quatre Peres de l'Eglise, par 29.19
C. van Dalen Junior, p 27, n°. 118.
St. François qui reçoit les stigmates,
Luc Vorsterman sculp. pag. 44, n°.
10. Ste. Cécile, *J. Witdoeck ex.* premiere Epreuve, page 53, n°. 17.
Ste. Thérese qui délivre des Ames
du Purgatoire, *S. à Bolswert sculp.*
M. vanden Enden *ex.* pag. 54, n°.
27; & l'Estampe du Tableau de la
Chapelle de Rubens, par P. Pontius.

261 Saint Ildephonse, *H. Witdouck* 15 .1
sculp. pag. 48, n°. 31.
Job éprouvé par sa femme, *Luc*.
Vosterman exc. pag. 2, n°. 6.

Mariage de Ste. Catherine, par *P. de Jode*, page 52, n°. 14.

St. Bavon qui distribue des aumônes, gravé par *Pilsen*.

Reverendo in Christo Patri, &c. *Snyers*, Sculp.

262 Charité Romaine, *C. van Cauckercken fecit*, pag. 69, n°. 15. Cette Epreuve est avant les mots de *Gasp. de Hollander exc. Ant.*

La Pêche du poisson, sans nom de Graveur, pag. 15, n°. 43.

Les Peres de l'Eglise, & Sainte Claire, S. à *Bolswert*, sculp. à Paris chez Audran, pag. 27 n°. 19.

Les quatre Evangélistes, *Nic. Lauvers exc. Ant.* pag. 28. n°. 121.

263 La Thomyris, Epreuve avant l'adresse de Corn. van Merlen, page 72, n°. 29.

264 Gaspar Gusman, par *P. Pontius*, Epreuve avec la barbe allongée, p. 79, n°. 6.

Charles de Longueval, *Luc Vorsterman* sculp. pag. 78, n°. 5. Et deux beaux grands Portraits, dont celui de Ferdinand II Empereur.

265 Claire Eugénie, pag. 80, n°. 11. & l'Archiduc Albert, gravés par *J. Muller*.

Ludovicus XIII & Anna Ludovici

XIII &c. gravés par *J. Louys*. *P. Souteman effigiavit*, pages 82 & 83, n.27 & 28.

266 Deux Portraits gravés sur une même Planche. *Vanden-Steen sculp.* p. 49, n°. 40.

Philippe IV, Elisabeth de Bourbon, Wladiflaus Sigifmundus, Gafparius Gevartius, gravés par *P. Pontius*, pag. 80, 81 & 84. n°s. 14, 16, 34 & 35.

267 Maximilianus, Archidux Auftriæ, par *Vorfterman*, pag. 87, n°. 59.

Elifabetha Philippi IV, &c. *J. Louys sculp.* pag. 81, n°. 19.

Philippus IV (gravé auffi par *J. Louys*, pag. 81, n°. 18; & trois autres Portraits de *Sayderhoef*.

268 Les trois Graces. *P. de Jode, sculp.* pag. 60, n°. 23.

269 L'Alliance de Neptune & de Cybelle, par *P. de Jode*, page 60. n°. 24. Epreuve avant la lettre.

270 Ixion trompé par Junon. *P. van Sompel sculp.* page 59. n°. 19.

Deux Bachanales, l'un gravé par *J. Suyderhoef*, page 57. n°. 8. & l'autre, par *Richard van Orley*, page 57. n°. 10.

Bachus Ivre, *P. Soutman ex.* p. 57 n°. 9.

46 ESTAMPES,

29 . 1927 1 Achille à la Cour de Lycomede, *Cor. Viſſcher, ſculp.* P. Souteman *exc.* pag. 56, n°. 3.

10 . 4 272 La Converſation. *P. Clouvet Sculp.*

14 273 Silene ivre. *P. Souteman effigiavit,* pag. 62, n°. 37.

  Triomphe de Bacchus. *Popels fecit,* pag. 63, n°. 41.

  Un Retour de chaſſe. *S. à Bolſwert ſculp.* pag. 63, n°. 44.

  Un Satire qui tient une corbeille pleine de raiſins & de fruits, il eſt accompagné d'une Nymphe. *Alex. Voet Ju. ſculp.* page 64 n°. 46.

24 . 1 274 Une Femme qui tient une chandelle allumée, à laquelle un jeune Garçon vient allumer la ſienne. *P. P. Rubens inv. & exc.* p. 75 n°. 43.

  Méléagre qui préſente la hure du ſanglier à Atalante. *Corn. Bloemaert ſculp.* page 61 n°. 30.

  Berger & Bergere, ſans nom, pag. 76 n°. 46.

12 275 La Pêche miraculeuſe, par *P. Souteman,* page 16 n°. 46 : & ſept autres Eſtampes.

51 . 11 276 La Chaſſe aux deux Lions. *S. à Bolſwert ſculp.* p. 114 n°. 19.

54 277 La Chaſſe aux trois Lions. *J. Suy-*

ECOLE DES PAY I BAS. 47
derhoef sculp. P. Souteman exc. p 116
nº. 28.

278 La Chasse aux deux Lions, *F. de* 28..1
Witt exc. Celle au Sanglier, *C. van
Merlen exc.* La Chasse aux Loups, &
celle au Crocodile, toutes gravées
par *Wlpeeuw*, pag. 114 & 115, nos.
17, 20, 22 & 24.

279 Les six grands Paysages; cinq sont 63..1
gravés par *Bolswert*, le sixieme par
Clouvet.

280 Les vingt-un petits Paysages, gra- 48..2
vés par *Bolswert* pag. 119 nº. 40;
& une Marine d'après André van
Artveld.

281 Un Païsage, où l'on voit entre 40
autres choses un homme qui conduit une charette remplie de légu-
mes. *Theod. van Kessel sculp.* nº.
41, pag. 119.: & un autre de même
grandeur, où est représenté le Départ de Jacob, sans nom de Graveur.
Les 2e., 3e. & 4e. Païsages, du nº.
39, page 118, gravés par *Luc van
Uden*.

282 Un Repos en Egypte, l'Enfant 8..16
Jesus & le petit St. Jean, la Chaste
Susanne: Silene soutenu par deux
Satyres; le Combat d'Hercule &
d'Acheloüs, & un Portrait: en tout

48 ESTAMPES,
six pieces gravées en taille de bois par *Chr. Jeghers*.

36 283 Onze Estampes de la suite de la Gallerie du Luxembourg, qui sont, les Portraits de François de Médicis, Jeanne d'Autriche, & Rubens. Les 4, 7, 8. 9. 10, 12, 15 & 19 du n°. 14, page 112.

9 284 Fête Flamande, par *E. Fessard*, d'après un Tableau du Cabinet du Roi.

Recueil d'Antoine van Dyck.

Les Pieces qui forment ce Recueil, sont presques toutes très belles d'Epreuves, il y en a même qui sont d'une beauté introuvable.

30 285 Samson & Dalila, *Henr. Snyers sculp.*

57 286 Le Couronnement d'Epines, grande piece en hauteur, gravée par s. à *Bolswert*.

40 287 Un *Ecce Homo*, *Ant. van Dyck*, *invenit & fecit aquâ forti*.

Un Christ mort appuyé sur les genoux de la Ste Vierge, adoré par des Anges, *Luc. Vorsterman sculp.*

12.1 288 Quatre Estampes gravées par *Bolswert*, & une par *van Schuppen*.

10.4 289 Cinq autres de *C. Caukerchen*, *P. de Jode*, & autres.

290 Un Repos en Egypte, on y voit des Anges qui danfent, grande piece gravée par f. à Bolfwert. 31.5

291 Cinq Eſtampes, dont S. Auguſtin par P. de Jode, Ste Cécile, Eduuardus le Davis ſculp. 13

292 S. Sébaſtien, gravé par P. Vanſchuppen, Ste Roſalie de P. Pontius, & trois autres Eſtampes. 26

293 Cinq Eſtampes, dont les deux grands ſujets de Renaud & Armide, l'un gravé par P. de Jode, & l'autre par P. de Bailliu, avec les noms de Nic. de Connick & J. Caſpeel, néanmoins les Epreuves ſont belles. 18.1

294 Cent quatre-vingt-ſept Portraits approchant de même grandeur, dont dix gravés à l'Eau-forte, par Van Dyck, douze par Hollar, le ſurplus eſt de l'Edition de Vanden Enden, de celle de Gillis Hendrick, &c. cet Article eſt intéreſſant. 96

295 Huit Grands Portraits de Soutman, Pontius, Voorſt, & Vermeulen. 9

296 Six autres par Hollar, P. de Jode, Pontius, Lombart, & P. de Balliu. 7

297 Dix Portraits & un ſujet de deux Enfans, par J. Bary. 6.1

298 Les Comtes & Comteſſes, par Lombart, en douze pieces, bonnes Epreuves.

5. 10 299 Les dix Grands Portraits, gravés par *Gunst*.

Jacques Jordaens.

28. 19 300 Deux Adorations des Bergers, l'une gravée par *P. de Jode*, l'autre par *Marinus*. Une Fuite en Egypte, *Pontius*, sculp. N. S. devant Pilate, par *Marinus* : N. S. en Croix, par *Bolswert*, & le Portrait de Jordans, par *P. de Jode*.

36. 10 301 St. Martin de Tours, & le Martyr de Ste Apolline, la premiere gravée par *P. de Jode*, & la deuxieme de *Marinus*.

28   302 Le Roi-boit, par *Pontius*, parfaite Epreuve.

19   303 Argus garde Io. à *Schelte Bolswert* sculp. Epreuve avant l'adresse de Bloeteling, telle que les Curieux la desirent.

8   304 Un Berger qui cause avec une Bergere, & trois autres Estampes.

13. 10 305 Un Satyre qui reçoit un Passant dans sa Grotte, *Vorsterman sculp*. Le même Sujet d'une composition différente, & Jupiter & Mercure sous la forme humaine ; Epreuve avec l'adresse de Bloteling.

11   306 Io, Jupiter Enfant, Mercure coupe la Tête à Argus, un Paysan arrête un

Bœuf par la queue ; gravées par *J. Jordaens*, lui-même : plus, la Folie, une Femme à sa Toilette, & un Christ. En tout sept Pieces.

Gérard Seghers.

307 Le Reniement de S. Pierre, par *Bolswert*, & la Tabagie ou Estaminée, par *Lauvers* : Epreuves très distinguées. 54

308 Trois Estampes belles Epreuves, dont le S. François de *Vorsterman*. 17 . 10

Abraham Diepenbeck.

309 Quinze Sujets & Portraits, gravés par *Galle*, *Balliu*, *Pontius* & autres. 9

310 Deux Saintes Familles d'après *Van Hoeck*, l'une par *Pontius*, l'autre par *Marinus* ; le Martyr de S. Laurent, par *Schut* ; S. Nicolas d'après *Schut*, par *Witdoeck*, & la Vierge avec l'Enfant Jesus, d'après *Quellinus*, par *Bolswert*. 24

Nicolas Berghem.

311 Vingt-cinq Estampes gravées tant par *C.* & *J. Visscher* & *Danckerts*, que par *Berghem* lui-même. 27 . 1

312 Cinquante-quatre autres, par *Berghem* lui-même, *Vronsvelt* & autres. 28 . 19

313 Trois Suites de moyennes Estam- 22

pes gravées par *J. Viſſcher*, & une Suite par *Berghem* lui-même, en tout quinze pieces.

314 Les Quatre Heures du Jour, gravées par *J. Viſſcher* ; un grand Payſage en hauteur, par *Suyderhoef*, & ſix autres Eſtampes.

315 Huit grands Payſages, gravés par *Danckerts*, & un par *J. Viſſcher*.

316 Vingt-quatre Morceaux, par *Berghem*, *C.* & *Jo. Viſſcher* & *Danckerts*.

317 Trente-trois autres, *Idem*.

318 Le Bal, gravé par *Jean Viſſcher*, très beau d'Epreuve.

319 Dix Pieces, dont les Quatre Heures du Jour, gravées par *P. le Bas*.

Adrien Van Oſtade.

320 La Grande Tabagie, par *C. de Viſſcher*, Epreuve brillante.

321 Deux Tabagies par *C. Viſſcher*, & ſix autres Pieces, dont trois Fêtes de Village, riches de compoſition, par *J. de Viſſcher*.

322 Cinq Eſtampes des *Viſſcher*, & une par *Suyderhoef*.

323 Soixante-ſeize Pieces, dont quarante-ſept faiſant partie de l'Œuvre qu'*Oſtade* a gravé ; deux d'après lui, & le ſurplus, gravé par *Bega*, *Van Wliet*, &c.

ECOLE DES PAYS-BAS.

Adrien Brauver.

324 Un Chirurgien panſant le pied d'un Homme, & un Joueur de Violon avec des Hommes qui chantent, par *C. Viſſcher*, beau d'Epreuve: plus, quatre petites Tabagies, par *J. Viſſcher*. 18

Pierre de Laar, dit *Bamboche*.

325 Des Chevaux, Animaux & Payſages, en quinze pieces, gravées par *Bamboche* lui-même, & deux autres Eſtampes. 5 . 10

326 Six différens Morceaux, de *C. Viſſcher*, & autres. 19 . 3

327 Quatre Eſtampes, dont la Bataille des Huſſards, & deux Sujets en hauteur, par *C. Viſſcher*, anciennes Epreuves. 14

328 Le Four & le Coche volé, par *Viſſcher*, & les Copies de ces deux Pieces, par *Stependael*: toutes belles Epreuves. 9

Gaſpard Netſcher,

329 La Mort de Cléopâtre, & le Petit Phyſicien, gravées par *J. G. Will*, parfaites Ereuves. 7 . 1

David Teniers.

330 Huit Eſtampes, dont la Converſa- 6 . 1

54 ESTAMPES.

tion, & l'Hiver, par *Laurent*, Anglois, premieres Epreuves.

331 Trente-une autres, dont plusieurs par *D. Teniers* lui-même, une d'après *Breughel*, & une par *V. Haeflen*.

Rembrandt Van-Rhein.

332 La Descente de Croix, & l'*Ecce Homo*, grandes Pieces en hauteur, cette derniere est avant les mots d'*Amstelodami*, &c.

Jean Miel.

333 Trois Sujets de Batailles, gravés par *J. Miel* lui-même, deux par *Beaumont*; la Chasse à l'Oiseau, par *Daullé*, l'Assemblée, la Curée, & dix-neuf autres Pieces gravées par *G. Tasniere*.

Philippe Wouwermans.

334 Six Estampes gravées par *J. Visscher*, belles Epreuves, & bien conditionnées.

335 Dix autres anciennes par différens Graveurs, dont le Manége gravé par *D. Danckerts*, rare à trouver aussi beau.

336 La Moisson, & les Adieux, gravées par *Laurent*, premieres Epreuves, & le Manége de *T. Major*.

337 La petite Fermiere, le Parc aux 8 . 5
Cerfs, par *Martinaſi*, Halte de Cavalerie, le Pot au lait, la Chaſſe à l'Italienne, & les Sangliers, forcés par *le Bas*, belles Epreuves.

338 Dix Eſtampes gravées par *C. N. Cochin, P. E. Moitte & Chedelle*. 12

339 Treize autre, de *Mlle Pelletier*, 12 *Beaumont & J. F. Rouſſeau*.

340 Quatre vingt onze Eſtampes gravées par *J. Moyreau*. 75

Charles du Jardin.

341 Cinquante-deux Eſtampes gravées à l'Eau-forte, par *C. du Jardin* lui-même. 35

Le Nain.

342 La ſurpriſe du Vin; les tendres Adieux de la Laitiere; Fête Bachique; l'Ecole champêtre : ces quatre Eſtampes ſont gravées par *J. Daullé*. 4 . 1

Vander Meulen.

343 Un Œuvre de *Vander Meulen*, compoſé de cent douze Morceaux, tant grands que petits. 60 . 4

Paul Bril.

344 Cinquante-deux Payſages gravés par *Nieulant & Stock*. 9 - 16

C iv

ESTAMPES,

Matthieu Bril.

24 . 193 345 Cinquante-cinq Payſages, beaux d'Epreuves, *Hondius ex.*

Antoine Waterloo.

69 . 1 346 Soixante-trois Payſages grands & petits, gravés par *Waterloo* lui-même, très beaux d'Epreuves.

Hermant Swanevelt.

39 . 19 347 Quatre-vingt treize beaux Payſages, tant grands que petits, gravés par *Swanevelt*.

ESTAMPES DE DIFFÉRENS MAÎTRES.

3 . 4 348 Trente-ſept Eſtampes gravées par *Adrien Collaert*, *Criſpin de Paſſe*, & autres.

4 . 10 349 Vingt autres d'*André Both*, *W. Romeyn*, *Lingelbach* & *W. Haeſlen*.

5 350 Six d'après *Metzu*, *C. D. Moor*, *Netſcher*, *Bega* & *Deſcamps*, par des Graveurs François.

24 351 Trente-un jolis petits Payſages, de *Vanuden*, *Zeeman* & autres Maîtres.

10 352 Six Eſtampes d'après *Van Falens*, *le Nain* & *Dictric*.

3 . 18 353 Six autres, dont une Deſcente de Croix, par *L. Kilian*, & *N. S.* que l'on met dans le Tombeau, par *G. Sadeler*, d'après *Jo. Heintz*, & une Ba-

taille, par *G. Edelinck*, d'après *la Finse*

354 Dix-sept Estampes, dont six belles composées & gravées par *Layresse*. 19

355 Six grandes pieces, gravées par *F. Vivares*, d'après différens Maîtres. 12 . 4

356 Sept d'après Rembrandt, *H. Minderhout*, *Both* & *Wouwermans*. 5 . 3

Henri Goudt, Comte Palatin.

357 Sept Morceaux qui composent l'Œuvre de *Goudt*: on croit pouvoir dire qu'il n'est guere possible de trouver de plus belles Epreuves & mieux assorties. 120

Jean Lutma.

358 Quatre Bustes gravés au maillet, par *J. Lutma*, & le Portrait de ce Maître. 18 . 4

Corneille & J. Wisscher.

359 La Fricasseuse; quoiqu'elle paroisse belle d'Epreuve, on soupçonne que le nom de *Clément de Jonghe*, a été adroitement ratissé. 9 . 19

360 *Guillaume de Ryck*, *Gelius Bouma*, & *Pierre Scriverius*: ces trois Portraits qui sont très beaux d'Epreuves, sont connus sous le nom des trois barbes. 60 . 1

C v

361 Le Portrait d'*Andreas Deonyszoom Winius*, appellé le Portrait au pistolet ; on connoit la rareté de cette Estampe, & le cas que l'on en fait.

362 Le Portrait de *Copenol*, & le petit Antiquaire, beaux d'Epreuves.

363 Alexandre VII, Robertus Junius, Cornelius Vosbergius, gravés par *C. Wisscher*, & Jacob Cornelisz par *F. H. Vanden Hoove.*

364 Cinq Portraits gravés par *C. Wisscher*, & un par *J. W.*

365 Neuf Portraits d'après *Van-Dyck*, & autres Maîtres.

366 J. Wachtelaer, Ph. Rovenius, Joa. Marius par *C. Wisscher*; Abrah. Vander-Hulst, de *J. W.* & J. de Wit par *Louys*.

367 Un jeune Garçon & une Fille avec une cage, par *Corneille Wisscher*: rare.

Un Enfant qui joue avec un Chat, d'après *J. V. Loo*, par *L. W.* & le Chat de *C. V.* Très belles Epreuves.

368 Le Bal de Berghem, par *J. Wisscher* : fort beau d'Epreuve.

369 La Bohémienne, & la Mort aux Rats, avec le nom de Clément de Jonghe, & le Negre tenant un arc, *J. Danck exc.* Anciennes Epreuves.

370 Trois Morceaux du Cabinet de 29. 19
Rheints; savoir, la Chaste Susanne
d'après *le Guide*, la Vieille à sa Toilette, & l'Antiquaire.

Jean Suyderhoef.

371 La Paix de Munster, gravée d'après
G. *Terburck*. Très belle Epreuve.
372 Quatre beaux Portraits, qui sont 6. 3
ceux de Martinus Trompius, Jacobus Mæstertius, Jo. Polyander, &
l'Empereur Constantin.
373 Quatre autres, Andreas Riverus, 7
Adrianus Heereboord, Fred. Spanhemius, & Rudolphus Heggerus.
374 Six Portraits de choix d'après *F.* 16
Hals: Gasparus Sibelius, Dits' Tegularis: Conradus Victor; Samuel
Ampzingius, Æra Wikenburgi &
Swalmius.
375 Six autres d'après *Mierevelt*, *Van-* 5. 15
Uliet, & autres: savoir, Gil. de
Glarges, Jo. Sch. Ultrajectinus, Jo.
Beenius, Daniel Heinsius, Heindrick de Keyser, & Geor. Christophorus.
376 Douze Portraits, dont Aldus 27
Draacht Swalmius, d'après *Rembrandt*; & Jacobus Revius, de *F. Hals*.

Recueil d'Estampes de choix gravées par J. V. Velde.

9 - 16 377 Huit Portraits magnifiques d'Epreuves, qui sont, Jo. Isacius Pontanus, Med. Tleeft Alvanden Velde; Adrianus Tetrodius Harlemensis; Michael Middelhoven; Jo. Bogardus; Jo. Crucius; Princeps du Carolus, & Dietck Philps.

7 - 19 378 Galenus Abrahamsz, Pe. Costerius Hornanus, Wybma, Laurentius Costerus Harlemensis, Gratianus Cornely, Guilheemus Copellius, &c. en tout dix Portraits.

8 - 19 379 Onze Portraits, dont Ber. Paludanus, Med. Doct.

Carolus Leonardi Amstelodamensis, Medicinæ Doctor.

Jacobus Mahetam, Harl. Sculptor, & J. Torrentius, Amst. Pictor.

48 . 1 380 Quatre très beaux Morceaux, dont deux Epreuves de la Magicienne, l'une avant toutes lettres, & l'autre avec la lettre.

43 . 63 381 Treize jolis Morceaux de compositions, Paysages & sujets, dont les quatre Heures du Jour, l'Etoile des Rois, & le Bon Samaritain.

10   382 Dix-sept Pieces de petits sujets, & Paysages agréables.

ECOLE DES PAYS-BAS.

383 Une Fuite en Egypte; des Joueurs 19
dans une chambre, un Homme à
mi-corps qui tient une machoire, &
un sujet composé de sept Figures debout, qui a pour titre : *Populus vult decipi.* Estampe parfaite & que l'on croit rare.

384 La même Estampe composée de 17
sept Figures, & dix Sujets de l'Histoire Sainte.

385 Deux Suites des quatre Elémens, 19 . 2
dont une d'après *W. Buyhewekh.*
Un Chariot que l'on arrête : belle
& grande Piece.
L'Entrée de N. S. dans Jérusalem,
& une Guinguette.

386 Vingt-quatre Morceaux, dont les 16 . 5
quatre Saisons & les douze Mois de
l'Année.

387 Quinze Paysages d'après *Molyn,* 8 . 6
G. Vander Horst, & autres Maîtres.

Matthæus Merian.

388 Les quatre Heures du Jour, les 4 . 9
quatre Saisons ; les douze Mois de
l'Année, & dix-huit Chasses.

389 Cinquante-cinq Paysages. 6

Abraham Bloemaert.

390 La Naissance de N. S. annoncée 21

aux Bergers, & la Nativité, par *Saenredam* : Epreuves de toute beauté.

391 La Sainte Famille, dite aux lunettes, d'après *Annibal Carrache*; autre Sainte Famille, du *Parmefan*, & une Vierge tenant l'Enfant Jefus, d'après *le Titien*.

392 Le Jardin des Hefpérides en onze Pieces. L'Obelifque Pamphile, d'après *Canini*, & le Plan de Tartarie, d'après *J. Miel*. Ces deux Eftampes ne font pas communes.

393 Dix huit Morceaux, tant de *Bloemaert* que d'après lui, dont les quatre Peres de l'Eglife.

394 Vingt-quatre Portraits & Sujets,

395 Vingt-deux Sujets & Payfages.

396 Sept différens Sujets, dont le Moutardier, & le Méléagre d'après *Rubens*.

397 Trente-fept petits Sujets & Payfages.

398 Diverfes Suites d'Animaux & Payfages en 63 morceaux.

399 Soixante-quatorze Morceaux, gravés par *Bolfwert*, *Boucher*, & autres.

Henri Goltzius.

400 La Paffion de N. S. en douze mor-

ceaux ; un Dieu de pitié, & St. Jérôme, d'après *le Palme*.

401 Le *Chien*, très beau d'Epreuve. 36

402 Deux différens Buftes de Henri 10 IV. L'un à la tête nue & vû de face, l'autre qui eft beaucoup plus petit, porte fur fa tête un chapeau en pain de fucre.

403 Dix-fept beaux Portraits, dont le 8 . 4 petit Mathématicien, Jo. Bollius, Zurenus, Stradan.

404 Dix-fept Porte-Drapeaux & Fu-9 filiers.

405 Seize Sujets & Portraits, dont le 7 . 3 petit Enfant qui fe repofe fur une tête de Mort.

Jean Saenredam.

406 Vingt Sujets d'après *Bloemaert* & 12 *Goltzius*.

407 Dix-fept autres, dont cinq des 24 Vierges fages & des Vierges folles.

408 Vingt-fept Eftampes, dont vingt 13 . 19 par *Saenredam*; les autres font d'après lui.

409 Deux grandes Eftampes capitales; 24 l'une repréfente un Trait hiftorique de la Hollande, & qui porte pour titre : *Emblema hodierni rerum ftatûs in Belgicâ fœderatâ*. L'autre repréfente une monftrueufe Baleine.

410 Trois Morceaux, dont le Bain de Diane, d'après *Goltzius*, & Loth avec ses Filles.

411 Angélique & Medor ; le grand Bain de Diane, d'après *Paulo Morelse*, rare ; & deux autres belles Pieces.

412 Trois Sujets d'Adam & Eve ; deux sont d'après *Corn. Härlem*, & le troisieme d'après *Goltzius*.

413 Cinq Estampes, dont le Repas du Pharisien, en trois morceaux d'après *Paul Veronese* : très belles Epreuves.

414 Seize autres, dont plusieurs peu communes & parfaites d'Epreuves.

415 L'Alliance de Bacchus, Venus & Cérès, d'après *Goltzius*.
Vertumne & Pomone, d'après *Bloemaert* : belles Epreuves.

Jean & Théodore Mathan.

416 Six Pieces, dont Adam & Eve, & Andromede d'après *Goltzius*. Belles & brillantes Epreuves.

417 Le Vielleux & sa Femme ; une Suite de sept petites Femmes, & trois grands Paysages.

418 Vingt beaux Portraits.

419 Vingt-sept, tant Portaits que Sujets.

Jean & Herman Muller.

420 Cinq Pieces, Bonnes Epreuves, dont l'Adoration des Rois & la Résurrection du Lazare.

421 Persée armé par Minerve & Mercure, Loth & ses Filles, & trois autres Pieces. Toutes belles Epreuves.

422 Le Portrait de Spinola ; Epreuve avant la lettre & une partie du tapis qui couvre le devant de la table.
Le même Portrait avec la lettre d'après *M. à Mierevelt*.

Recueil des Sadelers.

423 Douze Estampes, Portraits & Sujets, dont le Portement de Croix d'après *Albert Durer*.

424 Vingt trois Sujets de sainteté, d'après *Raphael* & autres Maîtres.

425 La Vierge avec l'Enfant Jesus & le petit St. Jean, d'après *Rottenhamer* ; & onze belles Pieces d'après *le Bassan*, dont deux Adorations des Bergers, une Adoration des Rois, la Laitiere, &c.

426 Les quatre Saisons, d'après *le Bassan* : très belles Epreuves.

427 Le Crucifiement, d'après *le Tintoret*, en trois feuilles, & 19 autres Estampes.

66 ESTAMPES,

9 . 1 428 Vingt-trois Sujets de composition, dont le Festin des Dieux & le Jugement de Pâris.

7 . 12 429 Cinq autres, dont Hercule & Omphale; une Femme avec trois Enfans; la Duchesse de Ferrare. Ces deux dernieres sont avant la lettre.

6 . 14 430 Douze beaux Portraits, dont le Prince Mathias & sa Femme: Epreuves avant le nom de *Marco Sadeler*.

3 . 9 431 Quinze Portraits d'Hommes distingués.

6 . 1 432 Douze autres, estimables & beaux d'Epreuves.

9 . 5 433 Seize autres.

23 . 7 434 Les douze Mois de l'Année en six feuilles, d'après *Paul Bril*. Epreuves anciennes & belles.

18 . 12 435 Douze Pieces représentant chacune un Mois de l'Année, d'après *Stephanus*, & dix Paysages de *Paul Bril*.

16 . 5 436 Vingt-six beaux Paysages, d'après *Paul Bril* & *Roland Savery*.

10 . 19 437 Vingt-six autres, d'après *Breughel*, *Stephani*, *Bril* & *Savery*.

12   438 Douze grands Paysages, d'après *Stephani*, dont les quatre Saisons.

17   439 Vingt-un Paysages d'après *Paul Bril*, *Stephani* & *Breughel*.

François Willamene.

440 Onze belles Pieces, dont les Gour- meurs. *8*

Nicolas de Bruyn.

441 Dix grandes Estampes, dont l'Age d'Or. *21*

Romyn de Hooghe.

442 Le Roi d'Espagne descendu de son carrosse pour faire monter le Prêtre qui porte le Saint Viatique. Piece capitale & très belle d'Epreuve. *8. 1*

Œuvre de Willem-Baur.

443 Cet Œuvre, qui est des plus considérables, composé 499 Pieces, gravées tant par Mathear Kussel, que par Willem-Baur lui-même. *170*

Vinceslaus Hollar.

444 L'Œuvre de V. Hollar en 877 morceaux. *426*

On a cru ne pas devoir détailler cet Œuvre, qui paroît avoir été fait avec beaucoup de soin, tant par rapport au choix des Epreuves, que par la rareté de plusieurs morceaux qui s'y trouvent, & que l'on ne peut rassembler sans beaucoup de dépense. Comme il est à présumer que la totalité de cet Œuvre fera plaisir, il sera vendu dans son entier

Recueil des Pieces de choix, gravées en maniere noire par Smith.

4 . 445 Six Portraits, dont le Duc de Glocester, Godefroi Schalcken, & Abraham Hondius.

10 446 Sre Agnese, & quatre Portraits, dont la Comtesse de Kildare, connue sous le nom de la *Belle Jardiniere*.

7 447 Sept Portraits, dont deux de la Reine d'Angleterre. Ils sont tous gravés d'après *Kneller*.

6 448 Sept Portraits de Dames distinguées, gravés d'après *Kneller*, & *the Lady* Brandon d'après *Wising*. Cette derniere Estampe est avant la lettre.

7 449 La Duchesse de St. Albans, & six autres Portraits de Dames.

4 . 10 450 Huit Portraits, dont Charles XII, la Duchesse de Marlboroug, Madame d'Avenant.

6 . 1 451 Six Portraits de Dames, savoir,

ECOLE DES PAYS-BAS. 69

la Comtesse de Salisburi, Lady Cromvell, Arabelle Hunt, Mad. Sheratd, mis Crofs Comédienne, d'après *Kneller*; & la Princesse Anne, d'après *Wissing*.

452 Le Duc de Glocester, & sept autres Portraits. 6 . 19

453 Six Portraits d'Hommes & de Dames, dont Wicherley, Auteur Anglois Comique, d'après *P. Lely*. 6

454 Six beaux Portraits, dont ceux de Joa. Smith, Corellius, Alexander Pope, Joa. Locke. 6

455 Huit Portraits de Gens d'Art, savoir, Pierre Lely, Th. Murrey, Grinlin Gibbons, Mar. Folkes, Tompion Horloger, God. Kneller, Guillaume Coupar, & Will. Richards. 7 . 19

456 Lord Bury, Lord Euston, & le Prince de Great-Britain &c. 4

457 La Madeleine au Chardon : Epreuve belle & brillante. 10 . 1

458 Sainte Catherine, d'après *Kneller*; & Agar & Ismael, d'après *T. Pembrock* Estampes peu communes : elles sont toutes deux fort belles Epreuves 9 . 2

459 Cinq Estampes, savoir des Enfans, dont un à un gros masque ; deux autres jouant avec des boules 9

70 ESTAMPES,

de favon ; un joli Vafe de fleurs, d'après *J. B. Monnoyer*. Un Départ pour la Chaffe , & une Chaffe aux Cerfs. Ces deux dernieres font compofées par *J. Wicke*.

12 . 13,4 60 *Joannes Wulte Francofurcenfis, &c.* d'après *Warner Haffells* , Epreuve avant la Lettre : très rare.

Doctor Joannes Baggerus, d'après *Saleman*. Ces deux Portraits font de toute beauté.

11   461 Antoine Leigh , Comédien Anglais, en habit de Moine ; la Confeffion d'un Criminel , celle d'une Dame Anglaife ; & deux Tabagies. Ces quatre dernieres Eftampes, d'après *Hemskerque*.

18 . 1 462 Venus & Adonis, d'après *le Pouffin* ; Diane & Acteon, d'après *P. Berchat* ; *Sonate da Camero*, titre, d'après *Tempefte* ; & une quatrieme, repréfentant un Gentilhomme defcendu de Cheval à qui l'on dit la bonne avanture.

18 .1 463 Cupidon & Pfiché , d'après *Alexandre Veronefe* ; & Venus careffant l'Amour, de *Luc Jordans* ; très belles Epreuves.

7 .19 464 Deux Sujets & deux Portraits, beaux d'Epreuves.

ECOLE DES PAYS-BAS. 71

465 La Vierge & l'Enfant Jesus, d'après *Frédéric Barroche*, premiere Epreuve ; & la Vierge qui tient l'Enfant Jesus, d'après *Barthelemi Schiedon*. Epreuve piquante. — 27

466 La Sainte Famille, d'après *Carle Maratte*, qui est une des piéces Capitales de *Smith*, belle Epreuve. — 16

467 Six beaux Portraits en pieds. — 10 . 1

468 Quatre autres, dont Pierre Alexiowitz, le Duc de Schomberg. — 4 . 16

469 Huit Portraits, dont celui de Jean Kottlewell, Epreuve avant la lettre. — 5 . 1

J. M. Ardell.

470 Six Portraits de Femmes, très beaux d'Epreuves ; quatre sont gravés d'après *J. Reynolds*, & les deux autres d'après *Ramsay* & *Vander Myn*. — 9

J. Faber, & J. Spislbury.

471 Le Maître d'Ecole de Garçons, celui de Filles ; & cinq autres Sujets, tous beaux d'Epreuves. — 9

472 Le Portrait de la Duchesse de Montagne, & deux autres Dames : trois Portraits d'Homme, dont un coëffé à la Persanne, d'après *J. Raynoldtz*, par *J. Spilsbury*. — 4 . 16

White & Simon.

3 . 1 473 Sept Portraits d'Hommes & de Femmes, distingués.

Portraits & Sujets gravés en maniere noire par différens Maîtres.

4 . 5 474 Vingt-trois Portraits gravés en maniere noire, dont Catherine de Loison & Cécile de Liforez, par *An. Bouys*; Grevil Verney, par *Williams*.

3 . 1 475 Quatre Batailles inventées & gravées par *Rugendas*; & neuf Pieces, tant Portraits que Sujets de différens Maîtres.

5 . 19 476 Vingt Morceaux, tant Sujets que Portraits, gravés par *Simon, Sarrabat, Vaitlant*, & autres.

12 . 18 477 Seize Estampes intéressantes représentant différens Sujets, Animaux & Paysages.

4 478 Les cinq Sens, par *Both*, J. Gole *exc.*; cinq autres composés d'une seule Figure, & neuf autres Estampes.

11 479 Douze jolis Sujets dans des Paysages intéressans, gravés par *Lens*, d'après *C. Poelemburgh, Vander Vaartz*, & autres: superbes Epreuves.

ECOLE DES PAYS-BAS. 73

480 Dix-sept Pieces tant Portraits que   4 . 4
Sujets, gravées par *Gole*, *Boeteling*, *Sarrabat*, & autres, d'après différens bons Maîtres.

481 Sept Sujets de *D. Teniers*; &   5 . 9
deux d'après *Ad. van Ostade*.

482 Cinq autres d'après *Scalcken*, &   10 . 9
neuf de *C. Bega* & *Steen*, par *Gol.*
& *Vaillant*.

ECOLE FRANÇOISE.

Nicolas Poussin.

483 Six grandes Pieces de l'Ancien &   16 . 12
du Nouveau Testament, dont Moyse
sauvé des eaux, gravée par *Claudine Stella* : les autres le sont par *Pesne*,
G. Audran, *Baudet* & *J. Mariette*.

484 Le Frappement du Rocher & le   18 . 1
Crucifiment, grandes pieces estimables, gravées par *Cl. Stella*, très
anciennes & belles Epreuves.

485 Sept Morceaux du Nouveau Testament, dont l'Adoration des Bergers par *Pesne*, & un autre par   9 . 1
Etienne Picart.

486 Huit Pieces, dont une Sainte Famille en hauteur, par *Poilly*, premiere Epreuve; & Saint Erasme par   7
Mitellus.

487 Les sept Sacremens, gravés par   35 ₶ 19

D

74 ESTAMPES,
Jean Pesne, ils sont avec l'adresse d'Audran.

9 . 10. 488 Neptune & Amphitrite, grande piece gravée par *J. Pesne* ; l'Empire de Flore, par *G. Audran* ; l'Enlevement des Sabines, de *J. Audran*, & dix autres Estampes.

20 . 4 489 Vingt-cinq Paysages, dont les huit grands par *Baudet* : les quatre Saisons, de *Jean Audran* : Pyrame & Thisbé par *J. Goupy*.

Sebastien Bourdon.

24 490 Vingt-une Pieces, presque toutes sont des sujets de sainteté, gravées par *Bourdon* lui-même : plus trois Saintes Familles, gravées par *Poilly*, *Rousselet* & *Natalis*.

18 . 1 491 La Ste Famille gravée par *Poilly*, Epreuve de la plus grande beauté ; sans armes & les enfans nuds : & une Descente de Croix par *J. Boulanger*.

12 492 Une Annonciation, gravée par *Vallet* ; la Vierge qui tient l'Enfant Jesus dormant, le petit S. Jean le regarde, gravée par *Natalis* ; & deux Repos en Egypte, de *Poilly*. Ces quatre morceaux sont fort beaux d'Epreuves.

23 493 Les sept Œuvres de miséricorde,

ÉCOLE FRANÇOISE. 75

avec l'adresse de *P. Mariette*, & cinq autres Estampes.

494 Vingt-deux Pieces représentant différens Sujets, 6

495 Trente-quatre Paysages, gravés par *Bourdon* lui-même & *Baudet*. 7 . 4

Claude Gelée.

496 Trente Paysages gravés par *Claude* lui-même; cinq par *Do. Barriere*, & un par *Morin*. 40 . 1

497 Seize Paysages, par *Goupy*, *Vivarés*, *Th. Major*, *Woollet*, *J. Mason*, *J. Wod* & *Canot*, tous Graveurs Anglois, à l'exception du dernier. 34 . 19

Charles le Brun.

498 Cinq Estampes très belles d'Epreuves; savoir, le Massacre des Innocens en deux feuilles, par *A. Loir*; les Filles de Jethro, par *Audran*; le Serpent d'airain & les Filles de Jethro, par *B. Adran*; & la Madeleine chez le Pharisien, de *Poilly*, d'après le Tableau des Carmelites rue S. Jacques à Paris. 20 . 1

499 Le Christ aux Anges, en deux feuilles sans être assemblées, gravé par *Edelinck*; le Martyre de Saint Etienne, & celui de Saint Pierre, 29 . 2

D ij

par *Picart le Romain*, d'après les Tableaux de Notre-Dame à Paris, & le S. Charles qui est à Saint Nicolas du Chardonnet.

500 Six grandes Pieces, dont S. Louis, gravées par *Edelinck*.

501 Deux grandes Saintes Familles, le *Benedicite* qui est dans l'Eglise de S. Paul, Epreuve avant la lettre ; & la Madeleine des Carmelites du Fauxbourg S. Jacques, par *G. Edelinck*.

502 Les petites Batailles d'Alexandre en six morceaux, gravés par *J. & B. Audran*; plus, la Bataille de Constantin & le Triomphe, par *Tardieu*. Ces huit Estampes sont belles & bien conditionnées.

503 Le grand Escalier du Château de Versailles, dit *l'Escalier des Ambassadeurs*, avec la description.

504 L'Histoire de Méléagre en huit Pieces, compris le titre. *Bernard Picart exc.*

Eustache le Sueur.

505 Les trois Estampes des Tableaux de Saint Gervais à Paris, & trois autres morceaux.

506 Les Tableaux des Chartreux de Paris en vingt-deux Pieces, non

compris les deux titres, gravés par *Chauveau*, très belles Epreuves ; & la Maladie d'Alexandre, par *B. Audran*, dont le Tableau est au Palais Royal.

507 Dix-huit Estampes tant grandes que petites représentant différens Sujets.   4 . 16

Pierre Mignard.

508 Une Adoration des Bergers & trois Sujets de Vierge : ces quatre Pieces sont gravées par *Poilly*. Deux autres Sujets de Vierge par *Masson* & *Roulet* ; & le Christ mort sur les genoux de la Vierge qui est dans la Chapelle de S. Cloud, par *Loyr*.   12 . 9

509 Six grandes Pieces, savoir, le Mariage de Ste Catherine, & le Bon Pasteur, par *Poilly* ; la Visitation de la Vierge, par *Roulet* ; le grand Portement de Croix, & la Peste par *Gérard Audran*, & Sainte Cécile par *Duflos* : toutes très belles Epreuves.   23 . 19

510 Onze Pieces, dont les quatre Saisons par *Poilly*.   9 . 19

Jean Jouvenet.

511 Les quatre Tableaux de l'Eglise de Saint Martin des Champs, gra-   29

vés par *J. Audran* & *Gasp. du Change*, très belles Epreuves.

512 Six grandes Pieces, dont N. S. qui guérit les Malades, gravées par *L. Desplaces*; & le *Magnificat* par *Thomassin*.

513 Deux Descentes de Croix, l'une gravée par *Desplaces*, & l'autre par *Alexandre Loyr.* & cinq autres Estampes, toutes belles.

Les Coypel.

514 Quatre belles Estampes, qui sont Athalie, Esther, le Jugement de Salomon, & Abraham qui présente des bijoux à Rebecca.

515 Huit différens Sujets gravés par *Desplaces*, *Duchange*, *Boulanger* & *Dupuis*.

516 Six autres, dont la Naissance de Venus par *Simonneau*.

517 Six Pieces d'après *Noel*, *Nicolas*, & *Charles Coypel*.

Louis de Boulogne.

518 Huit Pieces, dont une Circoncision, gravée par *P. Drevet* d'après le Tableau qui est dans le Chœur de Notre-Dame à Paris, & une Annonciation, par *Louis Desplaces* : Epreuves Majeures.

519 Les quatre Elémens, par *L. Des-* 15 . 10
places : très beaux d'Epreuves.

Colombel & Stella.

520 Les Marchands chassés du Tem- 16
ple, l'Aveugle né, & la Madeleine
chez le Pharisien, toutes trois gravées par *Nic. Dossier* : la Femme
adultere ; par *Cl. Duflos* ; & sept Pieces de sainteté d'après *Stella* : belles
Epreuves.

Mellan.

521 St. Pierre Nolasque, piece prin- 30 . 10
cipale de l'Œuvre de *Mellan*.

De Troy.

522 Neuf Estampes d'après *J. F. & J.* 5 . 5
B. de Troy.

Antoine Watteau.

523 Vingt-sept Estampes tant grandes 15
que petites, dont la Mariée & la
Nôce de Village ; l'Isle de Cythere :
Epreuves d'eau-forte.

François le Moine.

524 Adam & Eve, une Annonciation 19 . 19
& la These, toutes trois gravées par
L. Cars : plus, Joseph en Mésopota-
mie, par *C. N. Cochin* : belles Epreuves.

9 . 7 525 Hercule & Omphale, Andromede, Venus au Bain, & le Temps qui enleve la Vérité, toutes gravées par *Laurent Cars*: très belles Epreuves.

12 . 16 526 Six Pieces, dont Céphale enlevé par l'Aurore; l'Enlévement de Déjanire; le Sacrifice d'Iphigénie, & Hercule qui tue Cacus. Ces quatre Pieces sont gravées par *L. Cars*.

Carle Vanloo.

20 1 527 Hippolyte de la Tude Clairon, par *L. Cars* & *Jacques Beauvarlet*.

8 . 19 528 Enée qui enleve son pere Anchise, par *N. Dupuis Junior*: le Contrat de Mariage, & le Bacha faisant peindre sa Maîtresse, gravées par *Lépicié*; Bethsabée par *N. Tardieu*.

F. Restout.

6 529 Cinq Morceaux, savoir, la Priere au Jardin des Oliviers, par *Drevet*. La Guérison du Paralitique. Une Transfiguration, & un petit Saint Jérôme, par *Tardieu*; & Laban par *C. N. Cochin*.

Charles Parocelle.

9 . 19 530 Sept Pieces représentant des Sujets de Guerre & de Chasse.

ECOLE FRANÇOISE. 81

François Boucher.

531 Six Estampes, dont la Lumière du 6 . 6
Monde & l'Amour désarmé, gravées
par *E. Fessard.*

532 Vingt-six Sujets & Paysages; plu- 9
sieurs de ces morceaux sont gravés à
l'eau-forte par M. *Boucher* lui-même.

533 Vingt-huit Estampes gravées à 5 . 1
l'imitation du crayon par M. *Dazain-
court*, *Demarteau*, & autres.

J. Bap. M. Pierre.

534 Une Etude de Tête pour la Cha- 8 . 1
pelle de S. Roch, gravée par Mad. de
Roncenay; plusieurs petits morceaux
gravés par M. *Pierre* lui-même, par
M. *Lempereur*, & autres.

Ch. Natoire & E. Jeaurat.

535 Adam & Eve, Venus & Enée, 7 . 4
par *Flipart*; & Diane au Bain, par
Desplaces; dix Morceaux d'après *E.
Jeaurat.*

Sébastien Chardin.

536 Dix-huit Estampes gravées par *Lé-* 9
picié, *C. N. Cochin*, *L. Surugue*; *P.
le Bas*; & *L. Cars.*

D v

Joseph Vernet.

24 — 537 Les Baigneuses, par *Balechou*, ancienne Epreuve.

86 — 538 Une Marine & une Tempête par le même *Balechou* : très belles & premieres Epreuves.

8 . 9 539 Six Marines & Paysages, gravés par *Aliamet* & *le Bas*.

9 — 540 Huit autres gravées par *A. Zingg*, *J. Ouvrier*, *C. E. Cousinet*, & *Werotter*.

42 — 541 L'Arsenal de Toulon, l'Intérieur & l'Entrée du Port de Marseille ; la Pêche du Thon, par MM. *Cochin* & *le Bas*. Ces quatre Pieces, belles Epreuves.

M. Greuse.

26 — 542 Le Pere de Famille qui lit la Bible, gravé par *Martinasi*, & la Devideuse, par *Flipart*.

24 — 543 Six Pieces, dont la Nourrice, gravée par *L. Cars* & *Jardinier*.

DIFFERENS MAITRES.

19 — 544 Vingt-cinq Morceaux de *Vouet*, *la Hire*, & autres.

9 . 19 545 Dix autres d'après *Verdier*, *Silvestre*, *Alexandre*, *Bertin*, &c.

546 Vingt-cinq autres Pieces gravées à l'imitation du crayon.

547 Vingt-trois Estampes de *Corneille*, & autres.

548 Trente-une d'après *Loyr*, *Cazes*, *Challe* & *Eysen*.

549 Le Coriolan d'après *la Fosse*, & cinq autres Pieces de composition de *Largilliere* & *Rigaud*.

550 Trente-six Pieces d'après *Bouchardon*; *Weughels*, & autres.

551 Douze Estampes, dont les quatre Ages de *Raoux* par *J. Moyreau*.

552 S. Augustin par *N. Poilly*; Moyse par *Nanteuil*, & le Chevalier *Edelinck* d'après *Champagne*, & diverses Estampes: en tout neuf.

RECUEILS DE PORTRAITS DE CHOIX.

553 L'Amiral Körtenaer, & Auguste Stellingwerf, d'après *Louis* & *Barthelemi Vander-Helst*. Ces deux Portraits sont des plus capitaux d'*Ant. Bloetelingh*; & d'Epreuves extraordinairement belles.

554 Corneille Tromp, Amiral de Hollande, très beau d'Epreuve.

Jérôme van Beverningh, Godefroy Bidloo Médecin; & trois petites Têtes, dont deux d'Enfans. Ces six Pieces sont gravées par le même Blotelingh.

3 - 15 555 Le Duc de Marlborough & Jean Roos, d'après *Adrien Vander Weerf* par *Gunst*; Jac. Batelier & Arnold Geesteranus, par *H. Bary*, beaux d'Epreuves.

8   556 Quatre beaux Portraits; savoir, Jacques Edelgeer, & Amb. Capello, par *Ph. Fruytiers*; la Princesse de Nassau, d'après *G. Flinck*; & Fr. Delebac Sylvius, par *Van Dalen*, junior.

6   557 Vingt-six Portraits des Comtes & Comtesses de Nassau, par *Souteman*.

6. 2 558 Dix-neuf Portraits de Princes, Comtes, & autres Personnes distinguées, par *Mierevelt*.

6 . 1 559 Neuf grands Portraits, dont plusieurs gravés par *W. Delphius*.

12 , 19 560 Vingt-un Portraits de *Van Sompel*, *Lucas Kilian*, *Lucas Vorstermans*, & autres.

8 1 561 Vingt autres de *van Schuppen* & *Pittau*, d'après différens Maîtres; & cinq de *Roulet*.

9   562 Onze Portraits gravés par *Vermeulen*, *Simon* & *Picart*.

9 . 8 563 Le Portrait de l'Arioste, celui de de Bocace, & huit autres Portraits.

PORTRAITS DE CHOIX. 85
564 Seize Portraits de Gens d'Eglise. 10 . 19
565 Vingt Portraits de Personnages dis- 6 . 10
tingués de différens états.
566 Le Roi de Prusse & M. le Marquis 7 . 11
de Marigny, par *J. G. Wille*; Cré-
billon, M. de Jullienne & M. de
Robien, par *Balechou*.
567 S. A. S. Madame Anastasie Land- 5 . 10
grave de Hesse - Hombourg, par
Daullé, d'après *Roslin*; J. B. Rousseau & Capperonnier, d'après M.
Aved.
568 Deux Epreuves du Portrait de Gas- 19 . 19
pard Charrier, dont l'une est avant
l'écriture; les armes & les branches
de laurier ne sont qu'au trait, par
An. Masson.
569 Guillaume de Brisacier, Epreuve 17 . 5
avant le nom, & la même Estampe
avec le nom, par *Masson*.
570 M. d'Harcourt, nommé *Cadet la* 30
Perle; un des principaux morceaux
de *Masson*, & très beaux d'Epreuve.
571 L'Avocat de Hollande, nommé Joa. 12 . 2
Bap. van Steenberghen; première
Epreuve avant les vers qui se trouvent ordinairement au bas de la planche: la Mothe-le-Vayer, original &
copie: Jean Loret, Guillaume de
Lamoignon, & Henri de la Tour
d'Auvergne, par *Nanteuil*.

572 Nathanael Dilgerus, gravé par G. Edelinck.

573 Le Comte Kaanitz, J. Bap. Santeuil, Poisson, & quinze autres Portraits, tous gravés par le même G. Edelinck.

574 Seize Portraits différens.

Portraits d'après H. Rigaud.

575 Le Portrait de Louis XIV, gravé par P. Drevet, très beau d'Epreuve.

576 M. Bossuet, par le même, ancienne Epreuve.

577 Trois Portraits de Cardinaux, & quatre d'Archevêques, dont René de Beauveau par P. Drevet.

578 Le Cardinal de Fleury, par P. Drevet; & M. de Vintimille, par Claude Drevet: très beaux d'Epreuves.

579 Louis XV, Maximilien Titon, René Pucelle, tous gravés par P. Drevet; Charles d'Hozier & Mansart, par *Edelinck*; & P. Mignard, par Schmidt.

580 Douze Portraits, dont celui du Cardinal de Bouillon, par *Preisler*.

581 Neuf autres, dont l'Evêque de S. Simon, & Gendron, par *Daullé*.

582 Huit Portraits gravés par *Edelinck*,

P. *Drevet*, *Vermeulen*, & autres.

583 Huit autres Portraits.   6

584 Le Maréchal de Saxe, & le Duc de Belle-Isle, par *J. G. Wille*: le Comte d'Evreux, par *G. F. Schmidt*, & cinq autres Portraits.   9

585 La Duchesse de Némours, & la Duchesse d'Orléans, douairiere, par *P. Drevet*; belles Epreuves.   12

586 Samuel Bernard & le Duc de Villars: premieres Epreuves.   19 . 1

Portraits d'après Nicolas de Largilliere.

587 Dix-sept Portraits gravés par *Edelinck*, *Van Schuppen*, & autres.   4

588 Le petit Keller, rare; Mouton & Charles le Brun, gravés par *G. Edelinck*; Mademoiselle Duclos, par *L. Desplaces*: tous beaux d'Epreuves.   9 . 19

DIFFÉRENS MAÎTRES.

589 Le Portrait de Vincent Justinien, par *Mellan*; Madame Boucher, par *C. Dupuis*, & quatre autres Portraits.   15 . 15

590 Un Recueil de deux cens soixante-six Portraits d'Hommes illustres dans les Sciences; il s'en trouve de beaux, & même qui ne sont pas communs, gravés par *Nanteuil*, *Edelinck*, *P. Drevet*, *J. S. Hoef*, *Roullet*,   60 . 1

J. Sandrart, Pontius, Delff.

144   591 Un autre de six cens quatre-vingt-dix-neuf Portraits d'Hommes connus dans les Arts. Ce Recueil est composé en partie de Portraits distingués, par la beauté des Epreuves, & les habiles Maîtres qui les ont gravés; tels que *Antoine Van Dick*, *Smith*, *Carrache*, *Masson*, *Edelinck*, & autres.

31 . 1 592 Recueil de 268 Portraits de Gens d'Eglise, gravés par *Lucas Kilian*, *Delff*, *Van Schuppen*, *Hainzelman*, *Van Dalen*, &c.

25 . 1 593 Cent cinquante-huit moyens & petits Portraits de Gens d'Epées, par différens Maîtres des Païs-Bas & de France.

38 . 1 594 Un autre Recueil de 133 Portraits de Gens de Robbe; dont partie très beaux d'Epreuves.

79   595 Deux cens trente-deux Portraits de Femmes distinguées en tous genres.

Recueil de Jacques Callot.

10 . 19 596 Deux Portraits de Callot; l'un par *Vorsterman*, & l'autre, par *Lasne*: deux frapement du Rocher; la grande Passion en huit piéces, & la petite en douze : belles Epreuves.

ÉCOLE FRANÇOISE.

597 Le Nouveau Testament ; la Vie de l'Enfant Prodigue ; *Vita & Historia Beatæ Mariæ*, &c. les Pénitens & le Martyre des Apôtres : en tout 60 morceaux ; anciennes Epreuves.

598 L'Assomption aux Chérubins, & le petit portement de Croix, en oval ; piéces rares. Les sept Péchés Capitaux ; le petit Jesus, le pied sur le dragon, & la copie du petit portement de Croix.

599 Le Titre des Miracles de Graces ; le petit Saint Pierre, lisant de bout ; Saint François ; le petit Martyre de Saint Laurent ; les trois Sacrifices, avant le nom de Callot, & le petit Porte-Dieu, aussi avant le nom ; les Martyres du Japon ; Saint Jean dans l'Isle de Pathmos, & les quatre petits Banquets : cet article compose 14 piéces, toutes belles Epeuvres.

600 *Gloriosissimæ Virginis*, en neuf piéces ; les deux Massacres des Innocens, avant le nom de Callot ; le *Benedicite* ; le Titre des Pénitens ; celui des Regles de la Congrégation de N. D. & l'Arbre de Saint François, avant le nom : toutes belles & anciennes Epreuves.

601 Les grands Apôtres, en seize mor-

ceaux, *Variæ tum Passionis*, &c. *Vita Beatæ Mariæ*, &c. le *Lux Clauſtri*: en tout 92 piéces.

602 Le Titre de la troiſieme Partie de la Recherche des Saintes Antiquités de la Voſge ; Notre Dame des trois Epices ; une petite Frife ; les Coutumes de Loraine ; le Manuel de dévotion ; le Titre de la Sainte Apocataſtaſe, & le Miracle de Saint Manſuete : cet article eſt d'autant plus intéreſſant, que preſque toutes les piéces qui le compoſent ſont rares.

603 Les Meſureurs de Grains ; Saint Nicolas ou Saint Severin, préchant ; le Martyre de St. Etienne, S. Paul : ces quatre pieces belles Epreuves.

604 *L'Ecce Homo* ; l'Exorciſme ou la Poſſédée ; le Catafalque de l'Empereur Mathias, & la Tentation de Saint Antoine.

605 La même Tentation, très ancienne Epreuve.

606 La Foire de Florence, & celle de Nancy, cette derniere eſt très belle Epreuve.

607 Les grandes Miſeres de la Guerre, en 18 pieces ; les petites Miſeres, en ſept pieces, & les deux bataillons :

ECOLE FRANÇOISE. 91

toutes anciennes Epreuves.

608 Les supplices; le bataillon; le bras armé, & trois Epreuves de la petite vue de Paris. 8 . 6

609 Six Estampes; savoir, le Prince de Pealsebourg, Claude Dervet, le Portrait du Sénateur, le Prince Ferdinand, Cosme II, & la petite vue de Sienne. 9 . 1

610 Quatre pieces; les Astrologues, la belle Jardiniere, Charle de Lorme, & Dominique Péri. 6 . 18

611 Deux Epreuves de la Pandore, dont une avant le foudre; la petite Ferme, avant le nom de Callot; le Rocher, & la petite treille. 12

612 Quarante & une piéces, dont la Noblesse, & le Combat à la Bariere. 7 . 1

613 Soixante & dix morceaux, qui sont les Gobbi, les Baillifs, la suite des Gueux, la piéce des petites Fileuses, & celle où sont deux Figures de bout.

614 Les Tragédies de Soliman, en six pieces; les trois grands Pantalons, & la piece des petits Pantalons. 12 . 10

615 Les quatre Bohémiens, très beaux d'Epreuves; & la suite des *Variæ Figuræ*, en 22 pieces; plusieurs sont avant les fonds. 19 . 10

616 Les Caprices de Florence & de 12 . 7

Nancy; ces deux suites sont composées de 100 morceaux.

617 Le Jeu de Boule, ou la petite Foire, Epreuve distinguée, avant le nom de Callot; le Jeu de Brelan; & l'Eventail, belle Epreuve; mais mal conditionée.

618 Le Partere de Nancy; la Cariere; les deux grandes vues de Paris, belles Epreuves, quoiqu'avec le nom de Callot; les quatre petits paysages, très beaux; & les quatre Combats sur Mer.

619 Quatre-vingt-deux pieces, dont 13 pour l'Exercice Militaire, 14 pour les Fantaisies, & 15 diverses vues dessinées à Florence; ces trois suites sont avant les chiffres.

620 Les batailles de Médicis, en 15 morceaux; la Chasse avant le nom d'Israel, & l'Epitaphe de Callot, gravée par *Bosse*.

Sébastien le Clerc.

621 Six volumes, *in-fol.* veau, contenant l'Œuvre de *Sebastien le Clerc*, que l'on vendra en entier.

Cet Œuvre a toujours été regardé par les Amateurs, comme

le plus complet qu'il y ait (a), il consiste en 3257 Estampes (b), & 24 desseins que l'on y a joints. La liaison d'amitié qu'avoit M. d'Argenville avec ce célebre Artiste, a beaucoup facilité cette grande Collection, & a fourni des premieres Epreuves & des plus parfaites ; des différences dans les Epreuves, jusqu'à trois & quatre fois, qui sont uniques pour la plus grande partie : il est évident que l'on n'y a épargné, ni soin, ni dépense.

Le premier volume, au nombre 1320 pieces, toutes composées & gravées par le *Clerc*, contient l'Histoire sacrée ; la Passion de Notre Seigneur ; les Saints de l'année, en deux différentes suites, dont la derniere en quatre feuilles sans impression est rare à trouver de cette maniere ; les Paires-d'heures, parmi lesquelles est celle de Venise ; des Vignettes, Fleurons, Culs

---

(a) L. F. *Gersaint en fait mention dans le Catalogue Raisonné des diverses Curiosités du Cabinet de feu M. Quentin de Lorangere, page 145, Paris, chez Jacques Barois, 1744.*

(b) *C'est par erreur que Gersaint annonce cet Œuvre composé de 3500 morceaux, il n'a toujours été que de 3257.*

de-lampes, Lettres grifes, dont le grand Concile; la Vignette des Anatomiftes, fans être tronquée; une avec cette devife, *Evexi fed difcutiam*, dont le fond eft blanc; une Vignette aux armes de Bouillon, avec quatre Enfans. Le grand & le petit Saint Auguftin; la Converfion de Saint Paul, en petit; l'Adam & l'Eve; la Vignette des Arts, celle des Prédeftinés; le Triomphe de Trajan; toutes celles de l'Hiftoire de Toulouse; une Vignette aux chiffres du Roi, avec quelques Oifeaux; le Tivoli; la Vignette du Laboureur, &c. toutes ces Vignettes font fans impreffion derriere, c'eft-à-dire, tirées en blanc avant l'impreffion des Livres pour lefquels elles ont été faites, (feul moyen d'avoir de magnifiques Epreuves). Des Titres de Livres, parmi lefquels eft celui de Saint Bruno, & une Efther rare; un grand morceau des quatre Saifons, peu commun; les Métamorphofes d'Ovide; la Pfiché; l'Apothéofe d'Ifis; les Poëtes Italiens; les Fables d'Efope; les deux Venus, rares, & le Labyrinte de Verfailles, tiré en blanc avant l'impreffion, & fans être chiffrés.

Le fecond volume renferme les morceaux d'Hiftoire, au nombre de 358, à commencer par les Batailles d'Alexandre le Grand, dont celles qui font fans armes font prefque uniques. l'Hiftoire de Louis XIV vient enfuite, compofée des grandes & petites Conquêtes; les grandes Tapifferies; les autres Tapifferies des Saifons & des Elemens avec leurs devifes, toutes de la premiere édition; l'Hiftoire de Charles V, Duc de Lorraine; plufieurs morceaux allégoriques à la gloire de Louis XIV, entr'autres celui d'Hercule & d'Alexandre l'épée à la main, très rare; un petit morceau en long de quelques Monnoyes; l'Enfeigne d'un Marchand de Lion,

ECOLE FRANÇOISE. 95
la devise & *sacro carpitur igni* ; les Médailles de l'Histoire du Roi, & les Monnoyes anciennes de France.

Le troisieme volume, au nombre de 271 pieces, comprend l'Architecture ; l'Académie des Sciences ; le Cabinet de S. le Clerc ; les Pavillons de Marly ; l'Arc de Triomphe ; la Pierre & la façade du Louvre ; le Palais du Roi de Suede, avec deux Plats-fonds ; la Procession des Chevaliers du Saint-Esprit ; les Temples de Salomon & d'Auguste ; la Chapelle de Versailles ; la Cérémonie des Chevaliers de Saint Lazare ; plusieurs Catafalques, Tombeaux, Feux d'Artifice ; le grand & le petit Vitruve ; l'Ordre François ; les deux pieces du Pantheon de Desgodets, & le Livre d'Architecture.

On trouve dans le *quatrieme volume*, l'Histoire naturelle, en 589 pièces ; savoir, les Animaux de la Ménagerie de Versailles, dans toute leur grandeur, avant qu'on ait rogné les Planches d'un pouce au pourtour, avec les 12 Animaux rares ; les Geométries, dont la troisieme n'est pas commune ; les deux grandes Planches d'un Niveau ; quelques Cartouches & Armoiries ; les Gonds de Pierre ; plusieurs Plans ; les Livres à dessiner, tant la Figure que le Paysage ; trois grandes têtes, dont celle d'un vieillard, vue de face, & un autre d'un jeune homme qui rit, sont très rares.

Le cinquieme volume, renferme 552 pieces, dont le plus grand nombre est rare ; savoir, trois Messes ; la Vie de Saint Benoît ; Quatre Saints de l'Ordre en petit ; le petit portrait d'un Turc ; les sept Péchés Mortels, les sept Vertus opposées, & quelques morceaux de l'Ancien Testament ; l'Histoire des Mathurins, avec sept autres morceaux qu'on ne trouve point ; quantité de morceaux de Dévotion, de Vierges & de Saintes que personne n'a; les sept Offices; deux Paires-d'heures; le Plan, Profil & deux vues de Metz très rares; une page de plusieurs morceaux de Figures & de Paysages rarissimes; les Arquebusiers de Nante; le Triomphe de Charles IV, Duc de Lorraine, en 30 pieces, très rares; le Portrait en grand du Maréchal de la Ferté; trois Ecrans & autres pieces rares; les Fortifications de Briois; la Cour d'Amour; le Lustucru; la These de Pont-à-Mousson; la Cléopatre; les Conditions de la Vie Humaine, avec des différences très considérables, & quatre Planches que l'on croit uniques; l'Histoire de l'Empire Ottoman, avec quatre Planches plus petites, fort rares; l'Histoire des Antilles; les Essais de Physique, les Académies; le Point de Vue, le tombeau du Roi de Suede, & le Plan d'une Maison de Campagne de Flandre.

Le sixieme & dernier volume, contient tout ce qui a été gravé d'après les desseins de S. le Clerc montant à 167 pieces, composées de la suite des Conquêtes de Louis XIV. le Mariage de Thétis; deux Theses de Pharmacie; plusieurs Titres de Livres; des Vignettes, Cartouches, Ecrans, avec les Figures du Systême du Monde; quelques pieces en bois; le dernier Feüillet contient cinq morceaux qu'on attribue à S. le Clerc.

Recueil de Bernard Picart.

622 Le Portrait de B. Picart, gravé par *Verkolie*; Renaud & Armide, par *F. Chéreau*, & Zéphire & Flore, par *B. Picart*, d'après un Tableau d'Antoine

ECOLE FRANÇOISE. 97

toine Coypel, qui est dans le Palais du Duc d'Orléans.

623 Diane qui découvre la Grossesse de Calypso, & la Toilette de Vénus, d'après *Ann. Carrache*; le *Quos ego*, d'après *Coypel*, de la Gallerie du Palais Royal, & Andromede attachée au Rocher, d'après *le Brun*. 11 . 19

624 Huit Médaillons, & cinq Titres; sçavoir, 13

Rei Rusticæ scriptores, in-4°. Leipsic.

L'Histoire de la République de Hollande.

Celui de la Bible.

Celui des Métamorphoses d'Ovide.

Et le dernier, pour l'Histoire d'Angleterre, gravé par *Vender Gouven*.

625 Le Titre de *Paladio*; celui du Traité de Paix; Annales de la Monarchie Françoise; Atlas Historique, tom. I. Histoire des Princes des Païs-Bas; Dictionnaire Historique, cet article compose six Titres. 21 . 1

626 Trois Titres pour des *in-fol.* 24 12 . 1 petits Titres, *in-12.* dont six pour le Livre d'Arithmétique de Bareme; la Judée Captive; la Poésie Chrétienne, &c.

627 Vingt-six morceaux *in-12.* dont 9 . 1

E

98 ESTAMPES,

Histoire de la Conquête du Pérou.

15.10 628. Le Génie d'Homere ; Jupiter indigné de la tromperie de Junon ; Hector étant retourné au Camp ; Chilpéric revenant inopinément de la Chasse ; Charles VI dansant une Entrée de Sauvage ; Henri IV déguisé en Paysan, & autres jolis morceaux au nombre de 36.

15.11 629 Six Vignettes pour l'Ouvrage des Cérémonies & Coutumes ; les Estampes pour la nouvelle Edition de l'Histoire d'Angleterre, de *Larrey*, & autres petits morceaux agréables, au nombre de 62.

17.6 630 Les Estampes des Œuvres de M. de Fontenelle, en 71 pieces.

8.9 631 Les quatre Titres de Comédie pour la nouvelle Edition du S. Evremont ; les sept Vignettes pour le même Livre, & son Portrait : le Rossignol ; le Cachet de Michel Ange : en tout 18 morceaux.

18 632 & 633 Le grand & le petit Boileau, & plusieurs culs-de-lampes, en 85 pieces.

4.1 634 Mémoires de Frédéric Henri, Prince d'Orange, qui contiennent ses Expéditions Militaires, &c. 11 pieces.

ECOLE FRANÇOISE.

635 & 636 Charles I. & Marie Stuart, 2 3
décapités; le Couronnement de Catherine, Impératrice des Russies, &
autres petits morceaux, au nombre
de 39.

637 Vingt-deux Pieces intéressantes, 4 5   1
dont 14 Epitalames.

638 La Minerve, premiere Epreuve; 36
le Massacre des Innocens; deux Epreuves de l'Agiot, avec différence; &
quatre autres morceaux

639 Les Modes, tant Françoises que 10
Hollandoises, en 32 pieces; plusieurs
Sujets de Tabatiere & autres: en tout
soixante.

640 Trois Epreuves différentes, d'une 12 . 1
Planche qui a servi pour une Bible;
les Portraits de Georges I. *Paladio* &
Roger de Piles; le Triomphe de la
Peinture, & autres piéces de *Bernard
Picart*, Pere & Fils: en tout 18.

641 Dix-neuf autres, d'après différens 4
Maîtres.

Un Porte-Feuille, contenant des 2 4 . 1
Estampes, tant anciennes que modernes, *de différens Maîtres & Ecoles*.

642 Vingt-cinq Clairs-obscurs, d'a- 10 . 19
près *Raphael, Polidor de Caravage,
André Delsarte, Mecarino, Lucas
Penni, Mathurin*, & autres anciens

Maîtres ; plusieurs de ces Estampes ne sont pas communes.

8 . 1 643 Seize autres Clairs-obscurs, d'après *Jules Romain*, *Becafumi*, *Jean de Boulogne*, *Raf. de Reggio*, & *F. Barroche*.

3 . 1 644 Autres Sujets & Paysages, d'après *Scolari Ligotius*, *Cangiage*, &c.

8 . 5 645 Trente-huit autres, d'après différens Maîtres.

5 . 15 646 L'Hermaphrodite de *Gautier*, des Coquilles, Fruits, Sujets & Portraits : en tout 15 morceaux, imprimés en couleur.

10 . 4 647 Neuf Estampes, dont Jacob & Rachel, d'après *Denis Calvart*, gravé par *Aug. Carrache*.

6 . 1 648 Le petit Comédien du *Carrache* ; un Sujet d'Histoire, par *Spierre*, d'après *Molle*, & 12 autres morceaux.

10 . 8 649 Six pieces, dont un grand Paysage richement composé par *Ro. Savery*, gravé par *Isaac Major*.

9 . 1 650 Trois grands Paysages, d'après *Patel*, par *Vivares* ; un de *F. Milet*, par *Chatelain* & *Vivares* ; deux Vues de Bordeaux, & une de la Place Royale de cette Ville.

9 . 1 651 Trois Groupes de deux Figures, vues de différens côtés, gravés par

Muller; le Moutardier de *Bloemaert*, & 16 autres Estampes.

652 Huit morceaux d'après *V. Boons*, très beau d'Epreuves, & 16 autres de différens Maîtres. 8

653 Soixante-seize Estampes très belles Epreuves, d'après *P. Stephanus*, Corneille de *Walle*; cinq Sujets inventés & gravés par *Geertruyt Rogmant*, &c. 14.11

654 Quatre-vingt-deux autres, dont 14 inventées & gravées par *Brebiette*, 12 d'après *C. de Wael*, le surplus gravé par *Bary*, *P. de Jode* & *de Geyn*. 12

655 Six morceaux d'après *le Brun*, dont la Franche-Comté par *Simonneau*, ancienne Epreuve. 6.12

656 Neuf Paysages gravés par *Gaspre Duguet*; quatre grandes vues de *Rigaud*, & autres morceaux: en tout soixante. 7.6

657 Les douze Mois de l'Année de *Joachin Sandrart*, par *Suyderhoef*, *Matham*, & autres. Plus, le Jour & la Nuit d'après le même Maître: toutes belles Epreuves peu communes. 40

658 Quatorze Estampes d'après *Rubens*, dont la Chaste Susanne, & le Denier de César, par *Luc Vorsterman*. 17.19
Les Lions en quatre pieces; trois

E iij

sont gravés par *Bloteling*; le quatrieme par *N. Vifscher*.

11 . 19 659 Soixante-treize Pieces de *Mellan*, *Poilly*, & autres.

11 660 Des Sujets de la Fable, par *Gillot*, & autres.

6 . 12 661 Onze petites Pieces d'après différens Maîtres, par *Roullet*, & cinq autres, dont la Femme Adultere du Valentin, par *J. Boulanger*.

8 . 1 662 Les Métamorphoses & l'Histoire Grecque de *Chauveau* : en tout 275 Morceaux.

10 . 1 663 Cinquante-deux Estampes d'après *Lancret*, *Santerre*, *Courtin*, & autres.

6 - 10 664 Quatre-vingt-douze petites Estampes réprésentant différens Sujets.

8 665 Cent quarante Morceaux de *Sébastien le Clerc*, dont diverses Suites dépareillées.

6 666 Vingt-six du même, dont les Arquebusiers de Nantes ; divers Morceaux gravés à Metz, plusieurs peu communs.

6 . 1 667 Vingt-six Morceaux inventés & gravés par *J. B. le Prince*, trois d'après *Liotard*, & une Eau-forte d'après *Kam du Jardin*, par *M. Watelet*.

9 - 1 668 Diverses Pastorales en trente-sept morceaux, dont celle de *Claudine Sella*.

DE DIVERSES ECOLES. 103

669 Cinquante-cinq Morceaux, de *la Joue*, *Chasle*, *Natoire*, &c. — 10 . 16

670 Quatre-vingt-trois Estampes, le plus grand nombre de Maîtres Flamands. — 3 . 19

671 Quatre-vingt-cinq autres d'après des Maîtres François. — 13

672 Cinquante-trois Vignettes & Titres, dont plusieurs de *M. Cochin*. — 12 . 10

673 Quarante-quatre d'après différens Maîtres François. — 6

674 Quarante Estampes, dont plusieurs Jeux d'Enfans. — 6 . 19

675 Un beau Portrait gravé par *Spierre*, & neuf autres par *Masson*, *Nanteuil*, &c. — 6

676 Dix-sept Portraits & Sujets, dont la Madeleine à la Lampe, par *Smith*; le Maître d'Ecole d'après *Hemskerque*, par *J. Becdet*: les quatre Bourguemestres, de *Suyderhoef*. — 10 . 1

677 Soixante-trois Estampes d'Architectures & Paysages. — 5 . 18

678 Cent onze Estampes de Vases, Fontaines, &c. — 5

679 Soixante-douze Pieces, dont les Papillons d'*Hollar*, en 12 morceaux. — 4 . 19

680 Vingt-sept Pieces diverses. — 2 . 4

681 Soixante-deux autres. — 1 . 11

682 Soixante-trois Pieces d'Oiseaux & — 6 . 4

E iv

Coquillages ; il s'y trouve plusieurs Desseins.

3 . 18 683 Des Fontaines, des Buffets & différens Temples : en tout 113 Pieces.

4   684 Cent cinquante Pieces diverses.

6 . 16 685 Cent douze autres.

8 . 16 686 Cent soixante-quinze Desseins de Parterre.

Recueil de Paysages, Animaux, Chasses, Ballets, Décorations, Maisons de plaisances, d'Italie, d'Allemagne, Pays-Bas & France.

20 . 19 687 Un Recueil *in-fol.* velin contenant 175 Paysages d'après différens Maitres anciens & modernes.

23 . 19 688 Autre de 212 Paysages, par *Bolognese*, *Fran. de Neve*, *Bariere*, *Mathiolus*, & autres.

11 . 1 689 Les douze Mois de l'année, d'après *Wildens*, & la Digue rompue.

9 . 19 690 Les quatre Elémens d'après P. *Potter*, par *Pieter Nolpe* ; & trois autres Pièces de Paysages & Marines.

8   691 Trente-neuf Paysages, d'après *Nieulant*, *Fouquieres*, *Momper*, & autres.

6 . 4 692 Vingt-neuf d'après *Francisque*, *Focus*, *Genoels*, *Vandercabel*, &c.

11   693 Quatre-vingt-trois autres, par *le Pautre* & *Genoels*.

694 Quatre-vingt-quatorze de *Pierre* 9.14
Lastm, *Bartholomé*, *Waterloo*, *Mauperché*, & autres.

695 Soixante-quinze de *Mauperché*, 7.1
Rigaud, *Albert Flamen*, &c.

696 Cinquante-quatre de *Marin*, *Allegrain*, *Silvestre*, *le Clerc* & *Rousseau*. 7.2

697 Cinquante Paysages inventés & 9
gravés par *Adr. Vandercabel*.

698 Cinquante-six Paysages & Marines, d'après *Francisque*, *Puget*, & 8.19
autres. Il s'en trouve plusieurs dans
ce nombre inventés & gravés par *J.
Rigaut* & *Weyroter*.

699 Soixante-quatre d'après *Hrns Bol*: 9
par *Cock*; d'après *Poelemburg*, par
Broncherost; d'autres de *Montaigne*,
gravés par lui-même, &c.

700 Cinquante-huit par *Nardois*, *Both*, 13.19
& autres.

701 Cent un Paysages de *Roelant Rogman*, *Ruysdael*, *Bartholomé*, *Jean 48
Hackaert*, &c.

702 Quarante-quatre autres, dont plu- 7.4
sieurs gravés par *Aken* & *Meyeringh*.

703 Soixante-dix-huit Vues de Ruines d'Italie, par *Perelle*, & autres. 9.9

704 Soixante douze Paysages & Ma- 12.14
rines, gravés par *Zeeman*, *Do. Ba-*

E v

riere ; d'autres d'après *Montaigne* & *J. V. Becq.*

705 Cinquante-neuf autres, dont plusieurs Sujets d'Animaux & Payſages inventés & gravés par *Paulo Jordano, Stoop,* & *P. Potter.*

706 Une Suite d'Animaux inventée & gravée par *Suyders* ; une autre par *G. Leone,* & pluſieurs Pieces d'après *Suyders* & *Hondius* : en tout 20.

707 Trente-deux Sujets d'Animaux, d'après *Huet, Oudry* & *Deſportes.*

708 Quatre-vingt-dix-ſept Eſtampes de Jardins, Parteres & Treillages.

709 Vingt-un Payſages, de *Hermant Vanſuavelt, Jean Vanlier,* & autres Maîtres Flamands.

710 Vingt-ſix autres d'après *Bureghel,* par *Cock* & autres Maîtres.

711 Un Recueil de 606 Payſages de *Perelle* & *Silveſtre.*

712 Autre Recueil de 143 Pieces ; Sujets de Batailles, Marches, Chaſſes & Animaux, par *Paroſſel, Tempeſte, J. Rigaud, &c.*

713 Des Ballets, Décorations de Théâtres, Feux d'artifices & Perſpectives en 322 morceaux, partie gravés par *Canta Gallina, Alfonſe Parigii, de la Belle,* & autres anciens Maîtres :

d'autres d'après *Bernardini*, *Bibiane*, &c.

Cette Suite que l'on vendra en un seul article, est d'autant plus intéressante, qu'elle compose des objets qui ont rapport entr'eux, & très difficiles à réunir.

TOPOGRAPHIE
ET GEOGRAPHIE.

714 Topographie de l'Univers, ou Recueils des Plans & Aspects des principales Villes du Monde, avec les Cartes générales des Etats qui le composent, & ce qu'il y a de plus remarquable dans chaque Province, divisée en douze Parties; chacune dans un volume *in fol. v.*

On compte en totalité environ trois mille sept cens deux Estampes, dans le nombre desquelles il s'en trouve de Callot, le Clerc, Hollar, Picart, & autres bons Maîtres. Ce Corps d'ouvrage qui a été dressé par feu M. d'Argenville, sera vendu en un seul article, au cas qu'il se trouve un Enchérisseur qui le porte à un prix raisonnable, autrement on vendra chaque Volume séparément.

Le premier Volume contient la France, & est composé de 395 Estampes.

Le second Volume, la Ville de Paris en 359 morceaux.

Le troisieme Volume. 416 Pieces pour l'Italie.

Le quatrieme Volume la Ville de Rome, 331 morceaux.

Le cinquieme Volume, l'Angleterre, Ecosse, Irlande, 225 morceaux.

Le sixieme Volume, 320 Estampes pour l'Histoire des Pas-Bas.

Le septieme Volume, Allemagne, Boheme, Alsace, 410 morceaux.

Le huitieme Volume, la Lorraine, Savoye, Piémont, Cantons Suisse, en 213 Pieces.

Le neuvieme Volume, l'Espagne, le Portugal, Dannemarck, Norvege, 159 Estampes.

Le dixieme Volume, Suede, Pologne, Moscovie, Turquie en Europe, 250 morceaux.

Le onzieme Volume, l'Asie en 423 morceaux.

Le douzieme & dernier Volume, l'Afrique & l'Amérique, en 201 morceaux.

Les Châteaux & Maisons de plaisances de l'Europe en quatre Recueils qui seront vendus ensemble, si on le desire.

715 Le premier Volume est composé de 532 morceaux a pour objet la France.
716 Le second, l'Italie en 225 pieces.
717 Le troisieme, 152 pieces de l'Allemagne.
718 Le quatrieme & dernier offre la Hollande, le Portugal, l'Angleterre, Dannemarck, Suede, Pologne, Moscovie & la Turquie, 522 morceaux.

719 Recueil des Plans, Elévations & 27
Coupes, tant géométrales, qu'en
Perspectives des Châteaux, Jardins
& Dépendances que le Roi de Pologne occupe en Lorraine, &c. premiere & seconde partie, 2 vol. in fol. Carton marbré. A Paris, chez François, Graveur.

720 Les Plans, Profils & Elévations 14.16
des Ville & Château de Versailles,
&c. en feuilles. A Paris chez Démortin.

721 Les Plans & Elévations du Château 8.10
de Versailles; les Vues des Jardins, des Fontaines, des Figures, &c.
en 78 Estampes en feuilles.

722 Les plus beaux Monumens de Rome 24.9
ancienne, ou Recueil des plus
beaux Morceaux de l'Antiquité Romaine qui existent encore, dessinés
par M. Barbault, Peintre, ancien
Pensionnaire du Roi à Rome, & gravés en 128 planches, avec leur explication. A Rome, chez Bouchard
& Gravier, 1761, in fol. broch.

723 Le Plan de la Ville de Paris, de 6.1
M. Turgot, en 20 feuilles, & le Plan
géométral.

Différentes Suites & Livres d'Estampes.

157 724 Le Recueil de M. de Crozat, premiere & seconde partie, avec les discours & explications. Premieres Epreuves en feuilles.

63.10 725 Le Cabinet d'Aguilles, en feuilles, au nombre de 128 Pieces en y comprenant cinq Morceaux qui s'y trouvent doubles; & cinq autres qui ne sont pas dans la description.

89 726 Les Tableaux du Cabinet du Roi, en 39 Morceaux, avec une explication, en feuilles.

4-4 727 Spectacles des Vertus, des Arts & des Sciences, historiques, poétiques & allégoriques, représentés dans les Palais des Dieux, en cinq parties *in fol. broch. A Paris*, chez François.

8.19 728 Tombeaux des Princes, des grands Capitaines, & autres Hommes illustres qui ont fleuri dans la Grande-Bretagne vers la fin du dix-septieme & le commencement du dix-huitieme siecle, en feuilles.

10.5 729 Un Recueil de 157 Pieces d'Ornemens & Mausolées, par Berin. *vol. in fol. veau.*

ET LIVRES D'ESTAMPES. 111

730 L'Œuvre de Lefevre de Venife, 7 . 5
en 52 morceaux, compris le titre,
en feuilles.

731 Quatre Volumes petits *in fol.* qui 179
ont été formés par feu M. d'Argenville : ils font compofés des divers
Habillemens des Peuples de l'Europe, & de Sujets hiftoriques, à commencer fous Charles II dit *le Chau-
ve*, en 840, jufqu'en 1730. De bonnes Eftampes de le Clerc, Picart,
Hollar, Romyn de Hooge, & plufieurs Deffeins de la Chine, tiennent
place dans ces volumes, & compo-
fent en totalité 1600 morceaux.

S'il fe trouve des Acquéreurs pour
la totalité, on la vendra en un feul
article, finon elle fera divifée en autant d'articles que l'objet le mérite,
qui feront vendus dans le courant de
la derniere Vacation des Eftampes.

732 Les Cris de Paris d'après Bouchar- 10 . 2
don, & autres Maîtres, en 119 morceaux, dans un *vol. in* 4º.

733 Recueil des Figures des Pieces du 29 . 19
Théatre de Moliere, en 118 mor-
ceaux, *in* 40. *veau.*

734 Une Suite de 57 Eftampes de Mai- 4 . 4
fons de plaifance non exécutées,

112 DIFFERENTES SUITES, composées par par M. Difel, Allemand, en feuilles.

4   735 Quatre Recueils de Fontaines & de Frifes Maritimes, Vafes antiques & Ornemens de Ch. le Brun, Ch. Errard, Tarot & Jean Cotelle; en tout 65 morceaux, en feuilles.

2.10 736 Huit autres de Buffets, Bordures allégoriques, Ornemens, Figures Etrangeres, & Fontaines, par de la Jouë, Meiffonnier, F. Boucher, & autres.

4..1 737 Une Suite d'Empereurs, Rois & Papes.

5   738 Six Pompes funébres, dont quatre gravées par M. Cochin le Fils.

6.12 739 Le Portrait de Mgr. le Dauphin, par Thomaffin d'après J. L. Tocqué; & quatre Pieces à l'occafion de fon Mariage, gravées par MM. Cochin, Pere & Fils : la Décoration fur la Terraffe du Château de Verfailles, par M. Cochin, Fils.

740 Deux Eftampes doubles de la Décoration de la Terraffe, &c. Deux de l'Illumination de Meudon; & une Pompe funébre, par MM. Cochin.

68.6 741 Quinze Volumes, grands & petits *in fol.* en papier blanc propre à

DES CARTONS.   113
mettre des Estampes, presque tous sont reliés en veau.

742 Des Cartons ou Porte-feuilles, & 6₇ du papier blanc, qui peut servir pour coller des Estampes.

---

*HISTOIRE NATURELLE,

En différens Genres.

783 Un Droguier, composé de 192 24 . 19 petits Bocaux, renfermant des Sels, des Bols, des Terres, des Bois, &c. tous sont étiquetés pour annoncer ce qui s'y trouve.

Pierres fines & autres.

784 Deux petits Diamans, l'un vert, 5 . 1 l'autre couleur de rose ; quatre Brillants de différentes grosseurs, une Rose, une Pierre foible & un Jargon.
785 Un Diamant brut, une Rose- 42 . 1

---

* On a été du numéro 742 à 783, par distraction, on ne s'en est apperçu que lors de l'impression du Catalogue ; cette méprise ne portant aucun préjudice, on a cru pouvoir se dispenser d'y remédier, & le Public est prié de l'excuser.

table, une Pierre épaisse, deux Tourmalines ou Pierres de Cendre, & des Cannons, ou Cristaux d'Espagne.

40 . 1 786 Trois petits Rubis, trois Spinelles, une Prime de Rubis Ballet, des petits Rubis bruts, & de très petites Opales, Diamans, Turquoises, Grenads, Emeraudes, &c.

30   787 Une Topase Orientale, une Topase d'Inde, un petit Rubis & une Topase du Bresil, deux Amethistes orientales, une Rubasse en Cristal, & trois Saphirs, deux sont blanc & le troisieme est bleu.

3 . 12 788 Une Hyacinthe, trois Saphirs d'eau, trois Ametistes, & trois Compositions.

8 . 1 789 Un Cristal brun, une Topase d'Inde, une autre de composition, trois Doublets rouges, une Hyacinthe, une composition rouge, une Rubasse des Hyacinthes noires de Carthagene, &c.

12 . 2 790 Trois Opales, dont une taillée en pendeloque.

9 . 2 790* Une très belle Pierre Chatoyante.

27 . 10 791 Deux Opales, une petite Chatoyante, deux Calcédoines, & une Girasole en pendeloque.

EN DIFFÉRENS GENRES. 115

792 Deux Malaquites, cinq Turquoises 15
d'anciennes & de nouvelles Roches,
cinq morceaux de Turquoises, & des
petites Vermeilles.

793 Une Astroïte, une Argentine, des 70
Cristaux, & des Compositions.

794 Des Perles d'Ecosse, de Missisipi 50
& autres.

795 Quatre Eméraudes, cinq Gre- 15 . 10
nats, & une Composition, sept Vermeilles, une Pierre de Jade, &c.

796 Un Peridot Oriental, une petite 5 . 15
Chatoyante, & 24 pieces de composition.

797 Deux Aigues Marines claires, une 12 . 2
Prime d'Emeraude, une Marcassite,
& des Pierres de Compositions de
différentes couleurs ; en tout 25.

798 Des Agates de différentes cou- 15 . 5
leurs, une Onyx de deux couleurs,
des Chatoyantes, des morceaux de
Lapis, des Jaspes & autres Pierres ;
en tout 59.

799 Cinquante-quatre autres Pierres ; 20
dans ce nombre il se trouve deux
Agates arborisées, & autres Agates,
un Talisman, & plusieurs Camées.

800 Des Agates arborisées, des Jaspes, 38 . 10
des Chatoyantes, des Yeux de Chat,
&c. en six pieces.

116 Histoire Naturelle,

36 — 800* Une Agate arborisée, & une petite Agate rouge, Orientale.

16.10 — 801 Des Jaspes, des Agates, des Cornalines, & différens Cailloux.

2.3 — 802 Soixante & dix-sept morceaux de Verroteries & Empreintes de Pierres.

Plaques d'Agates, de Cailloux & autres morceaux singuliers & agréables.

23.15 — 803 Deux très belles Plaques d'Agate rubannées, de différens violets & gris de lin, qui en les joignant ensemble forment un cœur.

8 — 804 Deux autres plus petites Plaques d'Agate rubannées, de couleur petit-gris, sur fond brun rouge, très variés, comme si l'art y avoit quelque part. Elles sont des plus jolies.

12.10 — 805 Deux autres des plus agréables.

806 Deux autres, mais plus grandes, dont le dessein rubanné est singulier.

24 — 807 Une Plaque de Sardoine Orientale, très transparente, rubannée de rouge sur un fond blanc, & une autre Plaque, où il semble que l'on voie une Tulipe.

9.1 — 808 Une Plaque de Jade blanc, une de Granite, une de Jaspe sanguin, & une quatrieme d'Agate à petits rubans vert & blanc, sur un fond brun rouge.

809 Dix autres de différentes Agates & Jaspes, & une Onix. 7 . 4

810 Dix Plaques variées & agréables d'Agate, Jaspe & Sardoine. 9 . 2

811 Dix autres d'Agates, variées de différentes formes & grandeurs. 6 . 19

812 Une Plaque de Jaspe rosaire, & neuf autres de différens Jaspes & Agates. 10 . 4

813 Une belle Plaque d'Agate rubannée, une de Jade vert & quatre autres morceaux. 25 . 10

814 Six Plaques, dont deux d'Agates à filets, provenant d'un même morceau; en mettant l'une proche de l'autre, on s'imagine voir un Masque singulier. 23 . 15

815 Onze différentes Plaques d'Agates arborisées, & autres de Jaspe universel, Prime d'Ametiste & Cornaline. 10 . 5

816 Onze autres très jolies, d'Agates variées, Albâtre, Jades, &c. 14 . 1

817 Douze autres très agréables. 5 . 1

818 Dix Plaques d'Agate, dont six peuvent être employées à faire une Tabatiere. 10

819 Neuf autres Plaques de formes & 9

118 HISTOIRE NATURELLE,

grandeurs différentes, d'Agates, Jade vert, Sardoine.

10 — 820 Une petite cuvette d'Agate Orientale, des Plaques d'Agate, Jaspe rosaire & autres morceaux.

9 — 821 Dix-sept *Idem*.

17 . 1 — 822 Dix jolies Plaques contournées, de Jaspe rouge, & Agate.

12 . 5 — 823 Huit morceaux d'Agate & Jaspe.

10 . 10 — 824 Seize Plaques d'Agate, Jade, Serpentine, &c.

22 — 825 Un manche de Couteau en deux parties des Jaspe Fleuri ; deux plus petits, l'un d'Agate arborisée, l'autre de Jade, un morceau Eliotrope, & plusieurs autres morceaux au nombre de 20.

6 . 12 — 826 Vingt autres morceaux de Jaspes, Agates & Cailloux de différentes formes.

6 — 827 Trente-six autres de Cailloux d'Angleterre, de Rennes, Poudingue, Jade, Agate, &c.

6 — 828 Un pouce d'Agate, monté en cuivre, ce jeu de nature aidée de l'art, est intéressant.

17 — 829 Trois belles Plaques de Cailloux d'Egypte, sur lesquelles on voit des arborisations.

18 — 830 Sept autres aussi belles que les précédentes.

831 Douze Plaques & Blocs de Pou- 12 -1
dingues, Jaspes, & autres Cailloux.
832 Dix Plaques de Lapis, de diffé- 6 · 1
rentes formes & grandeurs.

Cristaux & Cristallisations.

833 Un groupe de quatre Canons de 5
Cristal des Alpes, un Canon de Cristal brun, un morceau d'Amiante,
& plusieurs petits Cristaux; en tout
18 morceaux.

834 Trente-deux petits morceaux de 4 · 19
Cristal de différens Pays; plusieurs
sont sur leurs matrices.

835 Quatorze autres de Madagascar, 8
Suisse, Islande & Ecosse.

836 Un petit Flacon, des Pendeloques 18
& autres petits morceaux de Cristal
de Roche; composant en tout 17
pieces: il s'en trouve dans ce nombre
plusieurs avec des accidens.

837 Un beau & gros groupe de Canon 18 · 4
de Cristal en Buisson.

838 Autre groupe agréable, ou se 6 -1
trouve des Canons qui en traversent
d'autres.

839 Un gros Canon de Cristal, posé 17
sur un pied de bois doré, un morceau
de Cristal d'Ecosse, & un de Prime
d'Amethiste.

120 HISTOIRE NATURELLE,

40 — 840 Un des plus riche & agréable morceau de Cristal à Eguille.

150 — 841 Un morceau de Cristal, de forme piramidale ; différens accidens heureux semblent former de petits Arbres dans son intérieur.

7 — 842 Une masse de Cristal à Canon.

36 — 843 Deux morceaux de Cristal; l'un est noir, & l'autre ambré : ce dernier vient du Bresil.

13 — 844 Deux petits blocs polis d'un côté; l'un d'amethiste, & l'autre d'Agate rubannée.

3 — 845 Un morceau de Cristal à courtes éguilles, & tenant à sa matrice, sa forme est comme celle d'un Champignon ; un autre Rocher de Cristal ; & un morceau de Cristallisations, chargé de fortes pyrites.

15.1 — 846 Trois autres Cristallisations différentes, dont une a des parties talqueuses, & est beaucoup chargée de de pyrites.

14.5 — 847 Un Silex, une Cristallisation à fines éguilles, & un autre avec du spath & des pyrites.

76.1 — 848 Une très singuliere Cristallisation ; elle semble représenter des serpens qui s'entrelassent ensemble.

11 — 849 Une Matrice d'Ametiste, une autre chargée

chargée de métal, un Silex, & une mine d'Argent cristallisé de Silésie.

Marbres, Pierres de Florence, Pierres de Rapport, Pierres Empreintes, & Ardoises.

850 Deux cens vingt-deux échantillons de Marbre d'Italie, de Flandre, Suisse & France.

851 Treize petits morceaux de différens Marbres antiques, & un Madrépore agatifié. 24.10

852 Quatre petits Tableaux en Pierre de Florence. 7.7

853 Trois autres *Idem*. 6.1

854 Cinq petits Tableaux de Fleurs, Fruits & Oiseaux, composés de Pierres de rapport. 16.4

855 Quinze morceaux de Pierres, blanche & grise, empreintes de Fougeres & autres Herbages. 6.6

856 Huit autres Pierres, empreintes de Poisson, & sept Ardoises avec des plantes. 11

Mines d'Or, Mines d'Argent, & autres Mines, annoncées telles qu'elles sont étiquetées par M. d'Argenville.

857 Un beau morceau de Mine d'Or. 49

F

122 HISTOIRE NATURELLE.

858. Autre de Framont à cinq lieues de Senomaes.

859 Cinq Gobelets de verre, contenant sept petits échantillons de Mines d'Or; savoir, un du Potosi, un de couleur noir du Pérou, un d'Aracani, deux de Maricabo, un dans du Spath, & un dans du Marbre.

860 Un morceau d'Or blanc; c'est le Minéral nommé Platine: une Paillette d'Or, tiré du Rhin à Strasbourg, elle a été fondue au creuset; un de Quitto au Perou, & deux petits essais.

861 Or rouge de Potosi, Or de Pega, Or noir, & Feuilletes d'Or noir, ou Or rouge en nature; Paillette d'Or tiré du Rhin, &c. dans huit petits Gobelets de verre.

862 Deux morceaux d'argent, l'un en rame, & l'autre fusé, tous deux de Potosi.

863 Un riche morceau de mine d'argent: il est très agréable.

864 Deux morceaux de mine d'argent de Ste Marie, & un autre d'argent noir.

865 Sept autres, dont deux d'argent vierge du Pérou.

866 Neuf d'Espagne, Hongrie, Cassel, Ste Marie, &c.

867 Un morceau de cuivre du Canada, 30
un petit bâton de cuivre du Japon,
couleur de feu, & dix morceaux de
mines de la Chine.

868 Vingt-huit petits gobelets de verre, 6
dans lesquels sont différentes mines
de la Chine, Hongrie, & autres endroits.

869 Seize morceaux de mines, dont 13 . 12
une verte soyeuse, & trois lames de
cuivre de la Chine.

870 Vingt-deux morceaux, dont un 8
spath avec du mica de Canada ; autre
d'argent & plomb, dans du spath
aussi de Canada.

871 Une boîte contenant de l'étain, du 6 . 5
plomb, du fer & vif-argent de différens Pays ; presque tous les morceaux
sont étiquetés.

872 Autre de mines & minéraux. 18

873 Différentes mines d'Allemagne. 13

874 Neuf morceaux de quartz & de mi- 9
nes d'argent de Ste Marie.

875 Vingt-un morceaux de mines de 5 . 1
cuivre ; dans quelques-unes, il s'y
trouve de l'argent.

876 Des mines de plomb & de Fer, de 3 . 6
divers endroits.

877 Un morceau de mine de plomb 7
verd de Housgrond en Brisgau, de

F ij

la mine de cuivre, des morceaux de spath, &c.

878 Une boîte de différentes mines de Suéde.

879 Quatre morceaux de mines, dont un d'argent gris d'Espagne, & un de malachite cuivreuse de Silésie.

880 Un gros & beau buisson de *flos ferri*, posé sur un pied de bois noirci.

Pétrifications, Incrustations, Madrepores, Bézoards, & autres Morceaux.

881 Une pétrification de forme particuliere, deux stalactites des Cevenes, une stalagmite, & une incrustation de Suisse : elle a la forme d'un choux-fleur.

882 Une éponge tenant naturellement à un cailloux, sur lequel il se trouve des vermiculaires, une plaque de gipse des Cevenes, & quatre stalagmites de Balarue & autres endroits.

883 Deux stalagmites sur des pieds dorés, un madrepore, une matrice d'amethiste de Saxe, & des coquillages incrustés dans un monceau de terre.

884 Un madrepore à œillet, un autre feuilleté & une incrustation de roseau.

885 Un morceau de spath feuilleté,

chargé de Pyrites, un silex, quatre Stalagmites & des roseaux incrustés.

886 Une grande stalactite, une belle incrustation de roseaux & un très grand morceau de pierre gipseuse. } 3

887 Un grand morceau de Gipse, & deux incrustations de roseau. } 1 . 4

888 Un madrepore, deux gros morceaux de gipse & une incrustation. } 1 . 4

889 Un morceau chargé de métal, un corail noir & six pieces.
890 Une stalactite & cinq autres morceaux. } 3

891 Cinq morceaux, dont un de granite. } 2 . 19

892 Cinq différentes pétrifications, dont un madrepore spongieux. } 1

893 Un madrepore à épis, un autre madrepore étoilé : ce dernier est pétrifié ; une moitié d'huître, & un rocher de cailloux. } 4 . 10

894 Un bézoard, deux incrustations & trois autres morceaux. } 3

895 Six pétrifications & cailloux.
896 Sept autres, dont une dans laquelle se trouve une grande coquille de S. Jacques. } 4 . 4

897 Six autres.
898 Des stalagmites, des incrustations & des cailloux, six pieces. } 3 - 14

F iij

899 Sept autres.

900 Une pierre que l'on dit être un melon pétrifié du Mont-Liban, un madrepore, & autres morceaux, en tout six.

901 Trois différentes incrustations, & une corne d'Ammon de onze pouces de diametre.

902 Une corne d'Ammon que l'on croit du Pérou, en deux parties cristallisées & métallisées : le diametre est de six pouces.

903 Trois morceaux de corne d'Ammon, & trois entieres, dont une métallisée & arborisée.

904 Une corne d'Ammon métallisée, elle vient d'Angleterre, & cinq autres pieces.

905 Quatre morceaux, dont un cailloux noir cristallisé & métallisé, & un morceau de rocher où il se trouve des cornes d'Ammon métallisées.

906 Une corne d'Ammon arborisée de trente pouces, sur vingt-quatre.

907 Un beau morceau de jaspe universel, un granite, un fluor de topazes de Saxe, en tout dix-huit pieces.

908 Des fluors, des pyrites, des morceaux de laves, en tout vingt-deux.

909 Plusieurs morceaux de différens la-

pis, des charbons de terre, des cailloux, deux pierres de Circoncision, &c.

910 Différens petits blocs de jaspe, & 5 . 19
de marbre.

911 Des pierres étoilées, des cunnolites, 6 . 1
cervaux marins, &c.

912 Quatre pierres blanchâtres avec des 40 . 1
incrustations de poissons ; il s'en trouve une très belle : plus un os incrusté.

913 Onze autres, aussi de poissons in- 9 . 11
crustés.

914 Des plantes, herbages, poissons & 7 . 11
des os incrustés sur des pierres blanches & grises de Suisse & autres Pays.

915 Cinq ardoises de Zurick, em- 8 . 5
preintes de poisson, six autres empreintes de fougeres & autres herbages & deux pierres de Florence, représentans de jolies arbres.

916 Deux blocs de cristal brut, dont
un rougeâtre de Bristol, une matrice
d'amethiste & deux cristallisations.

917 Des incrustations, des pierres, des 103 . 8
ardoises, marbre, & pétrifications
qui seront détaillés.

Lytophites, Coraux, &c.

918 Plusieurs lytophites & panaches de
mer.

F iv

919. Des branches de corail rouge, qui tiennent naturellement à un morceau de rocher.

920. Le fragment du couvercle d'une urne, où se trouve attaché tant en dessus qu'en dedans, des vermiculaires, des coquillages & deux branches de corail rouge : ce morceau est curieux ; une cloche de verre le renferme.

921 Un rocher de forme agréable, où tient un bel & grand arbre de corail blanc oculé, & du corail rouge à divers endroits : c'est un morceau estimable par sa singularité.

922 Un arbrisseau de corail rouge, un groupe d'œillets de mer, & un autre madrepore.

923 Autre arbrisseau de corail rouge, un champignon & un œillet de mer.

924 Deux arbres de même corail, dont un tient au rocher, & deux madrepores, l'un à œillet, l'autre spongieux.

925 Deux arbres de corail & quatre madrepores.

926 Une grotte composée de branchages de corail blanc articulé de corail rouge & de diverses coquilles ; sur un pied de bois noirci.

EN DIFFÉRENS GENRES. 129

927 Quatre madrepores d'especes dif- 13 . 19
férentes.

928 Trois différens madrepores, & un 20
rocher, sur lequel sont beaucoup de
petites branches de corail naissant.

929 Douze petits madrepores de plu- 18
sieurs especes.

930 Un dessus de vase de terre, où se
sont formés plusieurs groupes de
tuyaux vermiculaires : un globe de
verre le couvre.

931 Deux madrepores, une stalagmite, 5
& une branche de bois, chargé de
coquilles.

932 De petits arbres, & des branches 24 . 1
de corail rouge, noir, & blanc oculé.

933 Deux manchettes de Neptune & 7 . 1
différens madrepores.

934 Une autre boîte contenant aussi dif- 17 . 10
férens madrepores, dont un cham-
pignon de mer, sa forme est allongée.

935 Neuf morceaux d'ambre, plusieurs 7 . 1
sont avec des insectes : plus, un morceau d'ambre gris.

936 Quarante deux échantillons de dif- 13 . 15
férens bois des Indes.

F v

Bois Agatifié.

24 -1 937 Un beau morceau de bois des Indes : il est poli d'une face, & a de belles couleurs d'agate.

13 .10 938 Six différens morceaux de bois agatifiés agréables.

5 .10 939 Six autres.

8 940 Six *Idem*.

7 941 Six autres.

8 942 Huit différens morceaux.

22 1 943 Six autres.

7 944 Quinze autres aussi agatifiés & polis.

2.19 945 Vingts petits morceaux de différentes grandeurs.

COLLECTION DE COQUILLES.

12 946 Trois *Lépas*; savoir, un très beau de forme pyramidale qui vient de l'Isle de Magellan, l'*Œil de Bouc*, un rayé de lignes brunes, (M. d'Arg. pl. 2 lettres A. B. C.)

130 947 Le *Concho-Lépas*, un de couleur cendrée, le *Bonnet Chinois*, & deux autres Lépas à stries, (M. d'Arg. pl. 2 lettres D. E. F. G. H.

24 .10 948 Douze *Lépas*, dont un à stries, le

Cabochon blanc, un rond à ſtries, rare; l'Etoilé, le Chambre, un à grandes ſtries détachées, & un couleur de Rubis, (M. d'Arg. pl. 2. lettres I. K. L. M. N. O. Q. (

949 Un très beau Lépas, nommé le *Bou-* **36** *clier*, (M. d'Arg. pl. 2. lettre P.)

950 Le *Bonnet* de *Dragon*; un Cabo- **20** chon blanc feuilleté & chambré, (M. d'Arg. pl. 2. lettres R. S.) & ſeize autres *Lépas*.

951 Six différens *Lépas*, dont un beau **44** blanc de lait, ſon œil eſt couleur de citron, il vient de l'Iſle de Bourbon.

952 Huit *Lépas*, dont deux couleurs de **40 .1** roſe, avec des ſtries blanches : ils ſont des plus beaux que l'on puiſſe avoir.

953 Deux Clo-portes & différens Le- **3** pas, au nombre de 26.

954 Six *Oreilles*. Trois ſont orientales, **2. 10** & les trois autres viennent de nos Mers. (M d'Arg. pl. 3. Lettres A. B. C. D. E. F.)

955 Les mêmes Coquilles de l'article **3** précédent; celle de la lettre C. eſt endommagée.

956 L'*Arroſoir*, ou le Pinceau de mer. **36**

F vj

(M. d'Arg. pl. 3. lettre G.) Il porte 5 pouces 9 lignes de long.

957 Deux belles *Dentales* de couleur verte. (M. d'Arg. pl. 3. lettres H. H.) Deux blanches ; sept *Antales*, un *Tube* vermiculaire de 4 pouces, & deux *Oreilles de mer*, dont une de la Chine. (pl. 3. lettre E.)

958 Un *Tube* vermiculaire de 5 pouces & demi de long. Un autre contourné (M. d'Arg. pl. 4. lettre H. Un Groupe de *Tubulaires*, des *Entales*, deux Cornes d'Ammon : en tout 34 pieces.

959 Deux différens Monceaux de Vermisseaux de mer, appellés *Tubularia purpurea*, & communément *Tuyau d'orgue* : deux différens *Tubulaires*, (M. d'Arg. pl. 4. lettres H. I.) Des petites *Antales*, &c.

960 Huit *Nautilles*, dont le grand papiracé. Toutes ces Coquilles sont les mêmes que celles gravées dans la Conchiologie de M. d'Argenville, planche 5. La seule différence est que le Nautille, lettre E, est déchargé de sa robe.

961 Le grand Nautille papiracé, & quatre autres.

962 Six *Limaçons* ; savoir, un singulier

de la Chine (M. d'Arg. pl. 6. lettre
B.); deux beaux Dauphins; deux
différentes peaux de Serpent, d'une
grande conservation; un Cadran.

963 Deux *Peaux de Serpens*, variées 2 b
de couleur, dont celle nommée par
M. d'Argenville *le Ruban*, planche 1.
lettre D. de l'Appendix; une *Lampe*
antique, & une espece de Lampe,
(M. d'Arg. planche 8. lettres D. E.)
Deux petits *Cordons bleus*, l'un est
dépouillé & l'autre a sa robe; deux
Bulles d'eau; dont un à bandes: en
tout huit Limas.

964 Huit autres *Limas*, qui font le 12 . 2
Toit Chinois, deux Peaux de Serpens,
une Bouche d'or, une petite Bouche
d'argent, une Lampe, un Cul de
Lampe, & un joli Limas vert.

965 Dix *Limas*, un umbiliqué (M. 9
d'Arg. pl. 7. lettre C.); deux, lettre
I. pl. 6. dont un dépouillé, une
Bouche d'argent; l'Eperon, deux
Veuves; le Toit Chinois; la Peau
de Serpent; un Sabot.

966 Un beau *Cadran*, vif en couleur; 18 . 10
deux *Mamelons* différens; & quatre
autres *Limas*, dont un poli qui a
deux zones blanches sur un fond
brun.

967 Un gros & beau Sabot (M. d'Arg. pl. 8. lettre C.) : deux gros Limas à tubercules : deux Veuves, quatre autres Limas & trois Sabots, dont deux travaillés & polis. 12 *Coquilles*.

968 Deux *Peaux de Serpens*; une *Bouche d'or*, plusieurs *Sabots* différens, & un *Operculum*; en tout 38 *Coquilles*.

969 Quinze Coquilles, dont une belle *Grive*, trois *Boutons de camisoles*, un *Cul-de-Lampe*, un Cadran, deux *Limas* rubannés.

970 Plusieurs belles *Nerittes*, un *Cadran*, deux beaux *Mamelons* jaunes, deux *Opercules*, une *Bulle d'eau*, deux *Limas* rubannés : en tout 34 *Coquilles*.

971 Cinquante-cinq Coquilles, dont un *Cadran* & plusieurs jolies *Nerittes*.

972 Cinquante-neuf autres, tant *Limas* que *Nerittes*, & un gros *Operculum*.

973 Quatre *Buccins*; savoir, deux *Fuseaux ou Quenouilles*, en pendans; un de couleur fauve (M. d'Ar. pl. 9. lettre F.), & celui pag. 10 lettre N.

974 Sept *Buccins*; un de couleur fauve (M. d'Arg. pl. 9. lettre F.); deux

COQUILLES.

chargés de tubérosités, planche 9. lettre J. ; deux différentes Turbinites; un beau Tapis de Perse.

975 Huit Buccins, dont une Tiare très belle en couleur, deux Mitres auſſi belles en pendans. — 7.6

976 Deux *Tours de Babel* en pendans; deux *Minarés* (M. d'Arg. page 9. lettre Q.) ; & quatre autres *Buccins*, dont deux peu communs. — 49.—

977 Deux grandes *Oreilles de Midas* d'une grande beauté, dont une dépouillée & polie (M. d'Arg. pl. 10. lettre G.), & deux fauſſes Oreilles de Midas. — 36.1

978 Dix beaux *Buccins*, dont un Tapis de Perſe, une Cordeliere, le Dragon. — 22

979 Le Buccin (M d'Arg. pl. 2. de l'Appendix, lettre E.) ; deux très petits Fuſeaux de l'eſpece de celui à dent; des jolis Minarès : 30 *Coquilles*. — 30.1

980 Un *Radix*, deux *Figues*, trois petits Buccins d'Amboine (M. d'Arg. pl. 10. lettre T.) ; une *Cordeliere* ; ſeize differens *Buccins* ; une petite Gondole, &c. en tout 26. — 14.10

981 Le beau fuſeau à dent (M. d'Arg. pl. 10. lettre D.) de cinq pouces & demi de long. — 20.1

136 COQUILLES.

50   982 Deux très-beaux *Buccins de Cayenne* bien conservés. (M. d'Arg. pl. 10. lettre E.)

15   983 Cinq *Coquilles*, dont un gros Afne rayé, dépouillé & poli. (M. d'Arg. pl. 2. de l'Appendix, lettre L.)

17.3   984 Un *Téléscope* de trois pouces ; & six autres *Vis*, (M. d'Arg. pl. 11. lettres A. B. C. D. E. G. H.) ; plus deux Eguilles.

21   985 Les mêmes *Vis*. Le Téléscope porte deux pouces, & la grosse Vis à fascies larges quatre pouces neuf lignes.

15   986 Quarante *Coquilles* ; Vis, Chenilles, Eguilles, Maillots, &c.

9.7   987 Quarante-six autres, qui sont des Buccins, des Vis, un Bouton de camisolle, & autres petites Coquilles.

160   988 La *Scalata*, nommée par les Hollandois *Wenteltrap*, qui veut dire l'Escalier.

48   989 Le *Vice-Amiral* (M. d'Arg. pl. 12. lettre H.) d'un beau volume.

42   990 L'*Amiral à deux bandes* : cette Coquille est riche en couleur & d'une parfaite conservation.

20   991 Un très-bel *Amiral*.

500   992 L'*Amiral grenu*, beau & bien conservé.

62   993 Un *Amiral d'Orange* de deux pou-

ces de long. (Rumphius pl. 34. lettre A.) M. d'Arg. pl. 1. de l'Appendix. Ses bandes se distinguent très bien, & les couleurs sont vives & belles.

994 Sept *Coquilles* ; savoir, un Cierge ou Onix, la Couronne Impériale, deux beaux Damiers à bandes jaunes, deux Minimes, un Tigre ou un Léopard. 22

995 Un *Drap d'or* rembruni ; l'Ecorchée, une *Aumus*; une *Flamboyante*; deux *Tigres* différens : en tout huit Coquilles. 38. 5

996 Cinq jolis *Cornets* de choix, qui sont deux Damiers jaunes de la rare espèce ; deux Draps d'or, l'Amadis, (M. d'Arg. pl. 1. de l'Appendix, lettre S.) 97

997 Une *Aile de Papillon*, & deux Vice-Amiraux de Rumphius. 104

998 L'Aile de Papillon, deux Couronnes Impériales, deux différens Draps d'or, deux Flamboyantes, &c. en tout 10 Coquilles. 22

999 Deux Piquures de mouches, une petite Aîle de Papillon, & un très petit *Esplandium*, deux Minimes, une fausse Aîle de Papillon, &c. huit *Coquilles*. 16.1

138 COQUILLES

12   1000 Dix-huit petites *Coquilles*, dont deux Draps d'or de la Chine, les Spectres, deux Aumus, le Navet, une Flamboyante, une Onix, une Couronne Impériale.

24   1001 Trois Draps d'or de la Chine, deux Damiers, plusieurs Papiers marbrés: en tout 17 *Coquilles* de petit volume.

39   1002 Une Hébraïque, deux Draps d'or orangé, une Tine de beurre, & autres Cornets; en tout 21.

25 . 4   1003 Quatorze *Coquilles*; dont deux Draps d'or, deux Damiers, trois Ecorchées une Aumus deux Flamboyantes.

10   1004 Huit *Coquilles* qui font deux Draps d'or orangés, la fausse Aile de Papillon d'un gros volume, un Tigre, deux Ecorchées, un Spectre & une Onix avec son épiderme.

20 . 3   1005 Un *Cornet* peu commun, une *Ecorchée*, deux *Brocarts*, une grosse *Brunette*.

16 . 10   1006 Douze belles *Olives* variées, dont une de Panama, & une espece de *Litterata*.

25   1007 Deux Olives brunes, deux Panama, & plusieurs autres belles Olives: en tout 18.

5 . 4   1008 Vingt deux différentes Olives.

COQUILLES.

1009 Quarante-quatre autres. 9 . 10

1010 Un beau *Scorpion*, & un Araignée, nommée *Lambis*. (M. d'Arg. pag. 14. lettres B. E.) 28

1011 Deux grandes Araignées; l'une, dite mâle, & l'autre femelle. 10 . 6

1012 Le *Lambis*; deux autres Araignées d'efpeces différentes, & deux belles Ailées à tubercules. 12

1013 Dix différens *Murex*. 6

1014 Un gros Bois veiné, & quatre Rochers. (M. d'Arg. pl. 14. lettr. L. & pl. 15. lettres G. H.) 37 . 10

1015 Neuf *Coquilles*, dont plufieurs Rochers & Cafques. (M. d'Arg. pl. 15. lettres D. E. J.) 15

1016 L'*Unique*, (M. d'Arg. pl. 15. lettre F.) la *Contre-Unique*, & quatre autres *Murex*. 18

1017 Un beau Cafque tricoté à tubercules, fept autres Cafques différens; deux Ailées, & un Murex; en tout 11 *Coquilles*. 59 . 1

1018 Plufieurs jolis petits Murex variés d'efpeces, dont une ailée à tubercules & ftries bariolés de brun fur fond blanc; il s'en trouve dans le nombre de 18 que contient cet article plufieurs peu communs. 10

1019 Dix-huit autres prefque tous des 12 . 10

mêmes especes de ceux de l'article précédent.

12   1020 Quatorze *Coquilles*, dont une figue de l'espece rare.

4.10   1021 Quarante-deux tant Casques qu'Aislées.

80.10   1022 Une *Bécasse épineuse*, de la rare espece. (M. d'Arg. pl. 19. lettre A) cette Coquille est d'une grandeur qui passe l'ordinaire, elle porte six pouces de long, & est estimée bien conservée eu égard à sa fragilité.

30   1023 Une belle *Tête* de *Bécasse*, & six jolies *Poupres*, dont deux brulées.

8   1024 Deux Têtes de Bécasses, deux Bécasses épineuses, une Massue d'Hercule, & trois différentes Pourpres, huit Coquilles.

6.1   1025 Neuf *Pourpres*, dont celle recourbé en bec, & une petite Tête de Bécasse.

36.1   1026 Une très belle *Patte de Crapaud*, & grande pour l'espece, deux autres Pourpres, une *Chicorée*, & un petit *Choux*.

26.15   1027 Une jolie Musique verte, & une autre de brillantes couleurs.

90   1028 Une grosse Tonne, nommée le *Cordon bleu*, (M. d'Arg. pl. 17 lettre B.) c'est une très belle Coquille,

COQUILLES. 141

& dont le volume paſſe l'ordinaire.

1029 Deux jolies *Couronnes d'Ethiopie*, une belle *Conque Perſique* polie, & deux belles *Harpes*. 19 . 15

1030 Neuf *Coquilles*, dont deux Harpes de l'eſpece couleur de roſe, une *Harpa nobilis*, deux figues. 15

1031 Six *Tonnes*, dont deux belles Perdrix, une *Conque Perſique*, avec ſon Epiderme. 4

1032 Une *Conque ſphérique*, deux Taſſes de *Neptune* de la rare eſpece, un *Prépus*, & une groſſe *Harpa nobilis*. 9

1033 Une Harpe cannellée profondément dans toute l'étendue de ſa robe, (M. d'Arg. planche ſeconde de l'Appendix lettre F.) cette Coquille eſt fort rare, & l'on en connoît tres peu de cette eſpece. 61 . 1

1034 Onze *Tonnes* de pluſieurs eſpeces, & un Buccin nommée la *Tulipe*. 7 . 4

1035 Une *Navette* de trois pouces deux lignes de long; cette belle Coquille vient de la Collection de Monſieur l'Abbé de Fleuri. 220 . 10

1036 Sept *Porcelaines*, dont la Géographie, l'Argus, un Œuf papiracé. 6

1037 Un beau Lievre, l'Argus, deux Truitées, & deux Crapauds. 12 . 11

1038 Un Œuf, deux Tigrées & autres 5

142 COQUILLES.
Porcelaines ; en tout onze.

1039 Trente-huit Porcelaines différentes.

1040 Quarante Jolies petites Porcelaines

1041 Une espece de Tonne, nommée *Vexillum Arausicanum* ; à cette Coquille qui ne laisse pas que d'être rare, on a joint un *Esplandium*.

1042 Le *Marteau* ou l'*Enclume*. Cette Coquille est autant bien proportionnée qu'elle puisse l'être, & sa conservation parfaite. Son corps a deux pouces, neuf lignes, & ses bras, quatre pouces, dix lignes.

1043 Une *Huître* rare, appellée *Ostreum tortuosum*, (M. d'Arg. pl. 19. lettre J.) & l'*Hirondelle* ou l'*Oiseau*.

1044 Une Huître que quelques uns nomment la *Cuisse*, une belle *Pintade* avec son épiderme, & l'*Oiseau*.

1045 Une autre Cuisse plus petite que la précédente, & deux Pintades, dont une belle dépouillée & polie.

1046 Trois Huîtres, dont celle nommée Mere-Perle.

1047 Une *Crête de Coq*, & le *Rateau*.

1048 Une *Huître épineuse* des Indes, de couleur blanche, tachetée de brun, adhérante à un Caillou, &

deux Pintades, dont une polie.

1049 Deux autres *Huîtres épineuses*, 30 -1
aussi des Indes, l'une de couleur
orangée, & l'autre violette à pointes blanches, un *Gâteau feuilleté*,
& une *Pelure d'Oignon*. (M. d'Arg.
pl. 19. lettre C.

1050 Un groupe d'*Huîtres*, attachées 14
sur deux Cailloux de Mer.(M. d'Arg.
pl. 19. lettre E.) Trois petites Huîtres
groupées ensemble, deux feuilles attachées à une Branche de bois, &
une Arche de Noé.

1051 Trois Huîtres épineuses de cou- 72
leurs différentes, un Maron blanc à
pointes, deux petites Huîtres tenant
à un Madrépore, une feuille. (M.
d'Arg. pl. 19. lettre F.)

1052 Une grande *Huître* à longue & 210 -1
forte pointe, sa couleur est de maron.

1053 Cinq *Pieces*, dont un groupe 45
singulier de quatre Huîtres épineuses
à pointes rouges & blanches, (M.
d'Argenville, pl. 20. lettre B.) une
Huître blanche à longue pointe, sa
tête est couleur de feu, deux branches de Corail blanc, tiennent au-
dessous.

1054 Cinq *Huîtres* variées de couleurs, 25 -1
dont une a sa tête de couleur de ce-

144 COQUILLES.
rife où tiennent du Corail blanc; un petit Madrépore, & la moitié d'une Camme, une branche de Corail rouge tenant à une moitié de Coquille, &c.

1055 Cinq différentes *Huîtres*, une *Pintade*, & trois petites *Huîtres feuilletées*, attachées à du Corail blanc.

1056 Quatorze *Huîtres* de différentes grosseurs, dont plusieurs épineuses; dans ce nombre il y a deux feuilles Bivalves & une Pintade.

1057 Un groupe d'Huître épineuse de Malthe (M. d'Arg. troisiéme pl. de l'Appendix, lettre A.)

1058 Une grande Pelure d'Oignon, nommée la *Selle Polonoise*; la vivacité de ses couleurs, & son diamettre qui est de cinq pouces sur quatre, la distingue infiniment.

1059 Une plus petite *Selle Polonoise*, aussi très belle.

1060 Quatre *Cames*; savoir, deux polies couleur de Citron, dont une a ses bords couleur de Cérise, la Lévantine, (M. d'Arg. pl. 21. lettre K.) une vieille ridée.

1061 Cinq *Cames*, une jolie Corbeille, la Lévantine d'un petit volume, une Gourgandine, l'Ecriture Chinoise,

Chinoise, & une belle & grosse Camme coupée.

1062 Une *Fraise*, deux petites *Tuilées*, une *Arche* de *Noé*, un *Concha Veneris*, &c. en tout 14 Coquilles.

1063 Quatre *Cames*, dont une du Cap de bonne Espérance, l'Ecriture Chinoise, le Réseau blanc (M. d'Arg. pl. 21. lettre E.)

1064 Un Peigne à oreille de la Chine, une Tricotée, une Truitée, un Cœur en Arche de Noé, l'Ecriture Chinoise, & une autre Came.

1065 Deux belles *Tellines*, polies, rayonnées, de couleur de Rose & Citron ; deux autres distinguées, (M. d'Arg. pl. 22. lettres E. P.) & une cinquiéme peu commune.

1066 Cinq autres belles Coquilles, dont celle nommée la *Lanterne*.

1067 Six différentes *Tellines*, deux *Moules* de Marseille, une d'Alger, un beau *Manche* de Couteau oriental, & deux petits *Jamboneaux* papiracés ; l'un brun, l'autre d'un blanc sale.

1068 Un beau Manche de Couteau, une Arche de Noé ; cinq différentes Moules, dont deux de Marseille,

G

146 COQUILLES.
quatre Tellines, deux sont polies: en tout 11 *Coquilles*.

12..12 1069 Une Moule de l'isle de Magellan.
13:16 1070 La Tuilée nommée l'*Imbricata*, & un *Choux*.
30..1 1071 Une belle *Sole*; ses couleurs sont très agréables.
44..1 1072 La même Coquille un peu plus petite; un Cœur de l'espece couleur de rose, & un beau Peigne à oreille de la Chine.
125..1 1073 Un beau *Manteau Ducal*, une petite *Sole*, un *Benitier*, & deux *Cœurs*, dont un en bateau.
41..1 1074 Deux Manteaux Ducaux, un *Concha Veneris*, une Rape & quatre différens Peignes.
18 1075 Trois *jolies Coquilles* d'un petit volume; savoir, une Coraloïde, un Manteau Ducal & un Benitier.
12 1076 Une *Coraloïde*, & un Cœur de bœuf, appellé *Concha exotica*. (M. d'Arg. pl. 23. lettre A.)
1077 Le *Coq* & la *Poule* (M. d'Arg. pl. 3. de l'Appendix, lettre E.) Cette Coquille est d'un gros volume pour l'espece.
9..11 1078 La même Coquille plus petite; & cinq autres.
5..1 1079 Trois grosses *Cames*, dont une

dépouillée & polie, sept différens *Cœurs*, & deux Vitres Chinoises.

1080 Un bel Oursin à bâton de l'Amérique, nommé *Echinus digitatus*, (M. d'Arg. pl. 25. lettre A.) — 36 . 1

1081 Une *Tête de Méduse*, & huit différens *Oursins*, dont trois (M. d'Arg. pl. 25. lettres E. J. G.) — 30

1082 Huit *Oursins*, dont deux (plan- 25. lettres D. & J.) — 10

1083 Le Grand *Oursin étoilé*, ou l'Etoile de Mer, & un autre (M. d'Arg. pl. 25. lettre F.) — 51

1084 Une grande *Folade*, & quatre différens beaux *Oursins* peu communs. — 36

1085. Deux Limas, dont un couleur de jonquille, nommé l'*Unique*, un Oiseau, quinze Opercules, & un Monceau de tuyaux d'Orgue. — 6

1086 Un Tiroir rempli de Coquilles de différentes espèces, dont on composera plusieurs articles. — 38 . 2

1087 Un autre Tiroir, composé de diverses Coquilles qui seront distribuées en plusieurs lots. — 44

1088 Un Corps d'Armoire, composé de trente Tiroirs de Bois noirci, remplis de Fossiles des vingt-quatre Provinces de France & des six Pays — 200

G ij

conquis, conformément au Livre Latin, composé par M. d'Argenville, & intitulé *Enumerationis Fossilium quæ in omnibus Galliæ Provinciis reperiuntur &c.* Cette suite est de considération pour les Amateurs.

1089 Une Armoire ditte *Miscellanea*, renfermant des Fossiles, des Pétrifications, des Coquilles, des Bois, des Cristallisations, des Cailloux, &c. dont on fera divers Articles ; de même que de plusieurs grosses Coquilles qui sont au-dessus de ladite Armoire.

1090 Un Herbier en six Volumes, intitulé Recueil de Plantes Usuelles, tirées de différens Pays, rangées par M. Chomel, Docteur en Médecine, & de l'Académie des sciences, composé de 800 Plantes.

Oiseaux & Animaux dans des Cages de Verre *.

1091 Un bel Oiseau de Paradis.
1092 Le même Oiseau de Paradis.
1093 Trois différens Oiseaux étrangers, dont un Colibri, perchés sur des branches.

―――――――――――――――――

* On croit qu'il y a dans ces Cages des Matieres propres à faire mourir les Insectes, comme de l'Arsenic.

OISEAUX ET ANIMAUX. 149
1094 Six autres aussi sur des branches   2 6 . 1
1095 Deux beaux Oiseaux étrangers.
1096 Deux, *Idem*.   7 . 10
1097 Six petits Oiseaux étrangers, très   3 9
jolis.
1098 Six autres.   20
1099 Cinq autres.   18 . 10
1100 Trois autres.   15
1101 Un bel Oiseau.   2 . 7
1102 Autres.   2 . 7
1103 Un beau Merle des Indes.   6
1104 Un Faisan de la Chine.   15
1105 Deux Oiseaux dont un beau Pigeon.   6
1106 Une belle Poule Pintade.   4
1107 Un autre Oiseau.   3 . 19

Oiseaux & Animaux dans des Phioles, & Bocaux.

1108 Un Colibri & un autre Oiseau   3 . 2
dans deux bocaux.
1109 Une Chenille de l'Arbre du Co-   8
tonnier, deux Mille-Pattes, trois Chenilles d'eau : le tout dans trois bocaux.
1110 Une Chenille de Mai, un Mille-   5 . 10
Pattes & deux Lézards.
1111 Un Animal nommé par quelques-
uns l'Hermitte, & un Oiseau.
1112 Un Rat blanc & une Souris blan-   9
che.

150 ANIMAUX, &c.

5 — 1113 Un Poisson, des Huîtres & des Moules, dans trois Bocaux.
— 1114 Un Embrion.
— 1115 Un autre Embrion.

Animaux deſſechés, Papillons, &c.

1 . 4 1115 Un Tatou.
23 . 1 1117 Un Crocodille & un Serpent.
1118 Cent vingt-deux Boîtes de verre renfermant des Papillons & des Inſectes : il s'en trouve de rares & beaux.
6 . 11 1119 Des Cruſtacées de différentes eſpeces, dont on compoſera pluſieurs Articles.
30 1120 Des Oiſeaux de différentes eſpeces, branchés ſur deux grands Arbres artificiels, qui ſont d'un agréable effet.

Bagues & autres effets.

130 . 1121 Une Agate arboriſée rouge, ou ſe voit une jolie Plante : elle eſt montée en Bague d'or.
100 . 1122 Une autre Agate arboriſée rouge, taillée en cœur & montée en bague d'or.
80 . 4 1123 Une autre Bague compoſée d'une Topaze Orientale.
19 . 1 1124 La Plume de Paon, montée en Bague d'or.

BAGUES, &c.

1125 Six Buſtes très bien gravés en bas-reliefs ſur Ivoire.

1126 Cinq Portraits & Sujets peints en Miniature ſur l'Ivoire.

1127 Une Boîte de douze petites Tablettes de différentes couleurs, dont les Chinois ſe ſervent pour peindre.

1128 Dix Pains d'Encre de la Chine, & divers petits objets du même Pays.

1129 Une petite tête en relief ſur Caillou, un bas-relief, gravé en creux ſur Agate, un Scarabé, une Loupe d'Améthiſte, un chiffre émaillé, un Manche de Couteau de Nacre de Perle, & un deſſus de Tabatiére de Lacq.

1130 Un grand Coquiller en bois des Indes, & garni de Bronze.

1131 Une Armoire ſervant de Coquiller & de Médailler, garnie de Tiroirs; ſix portes les renferment : elles ſont peintes en noir avec des Ornemens ſculptés dorés.

1132 Les Médailles d'argent & de cuivre, qui ſeront détaillées.

1133 Pluſieurs Figures de bronze.

ADDITION.

12 . 3 1134 DESCRIPTION des Fêtes données par la Ville de Paris à l'occasion du Mariage de Madame de France, & de Dom Philippe Infant & Grand-Amiral d'Espagne, les 29 & 30 Août 1739, 1 vol. *Carta maxima*, relié en veau.

12 . 1 1135 Plans & Elévations de la Place Royale de Nancy, & des autres Edifices qui l'environnent, par Héré. 1 vol. *Carta maxima*, broché en carton, à Paris chez François, Graveur.

18   1136 Les Figures du Levant, de M. de Ferriol, Paris 1714, *in fol. v.* L'Explication, la Musique & la Danse des Derviches s'y trouvent.

36   1137 Le Cabinet de l'Archiduc Léopold, gravé par les soins de David Teniers, composé de deux cens vingt-sept Estampes, compris le Titre. 1 vol. *in fol. v.*

4 . 2 1138 Trente-quatre Morceaux, faisant partie dudit Cabinet.

FIN.

Total 32861.15

www.ingramcontent.com/pod-product-compliance
Lightning Source LLC
Chambersburg PA
CBHW050217230526
45470CB00001B/433